Manu Chao et la Mano Negra

Souâd Belhaddad

Manu Chao et la Mano Negra

Librio musique

Collection dirigée par Philippe Blanchet

À celui qui ensoleille un côté de ma rue.

Chapitre 1

Fils de...

Était-ce, en plus, un jour de grand soleil ?... Inondé de musique espagnole ? C'était, en tout cas, le 21 juin 1961. Oui, oui, le jour de la... Le lien est facile, certes, mais trop tentant : Manu Chao est né le jour de la fête de la Musique, quelque vingt ans avant son avènement. Petit de taille, très brun, le visage beau, comme tendu par une sorte d'anxiété mais aussitôt éclairé de façon radieuse dès qu'il sourit. Manu Chao a grandi à Sèvres. Limitrophe des usines Renault de Billancourt, Sèvres est une banlieue de l'Ouest parisien, confortable. Figure essentielle du rock alternatif français et qui représente aujourd'hui, malgré lui, un symbole artistique de l'antimondialisme, Manu Chao n'en est pas moins issu d'un milieu intellectuel et bourgeois. Mais, avance avec logique un de ses proches, « *ce qui importe, n'est-ce pas la prise de conscience ?* ».

Les parents, Rámon et Felisa Chao, tous deux espagnols, ont eu, l'un et l'autre, un parcours différent dans l'Espagne franquiste des années 1950. Combien de fois a-t-il été écrit que l'actuel rédacteur en chef de la section hispanique de RFI était un exilé du franquisme ? Même si cela servait mieux la légende du fils rocker, il n'en est rien : Rámon Chao, né en 1935, journaliste depuis plus de quarante ans à Radio France internationale Amérique latine, n'est ni un réfugié ni un opposant du despotique général. Et n'a, d'ailleurs, jamais prétendu l'être. Enfant surdoué en musique classique et, pour cette raison, protégé du ministère de la

Culture (ou plutôt, comme on disait à l'époque, du « *Commissariat à l'éducation populaire* »), Rámon Chao est arrivé à Paris, comme boursier, à dix-huit ans, afin de parfaire une carrière de pianiste très prometteuse. Mais pour la gauche caviar des années 1980, le raccourci est commode : Espagnol = réfugié, et Manu Chao le contestataire ne peut être que « fils de... ». Sans mentir sur son pedigree, le chanteur n'a pas cherché à lever cette ambiguïté auprès de la presse, pendant un certain moment. Comme si cela collait peu à son image de rebelle...

Comment la musique s'est-elle introduite chez les Chao ? Paysan galicien, le père de Rámon effectue un long séjour à Cuba qui va tout déterminer. Illuminé, de retour chez lui, il tranche : un de ses enfants sera artiste. Mais pas n'importe lequel ! Un graaand artiste, et même le meilleur. Un génie, quoi. De ses six enfants, seul le dernier, Rámon, ne saura pas résister au désir despotique de son père. Dès l'âge de neuf ans, il devient le fils prodige rêvé. Bourse d'études pour Madrid, premiers concerts, réussite au bac, prix de piano du pays, le plus prestigieux d'Espagne... Remarquable interprète, il part alors pour Paris avec une lettre de recommandation à l'attention de deux professeurs des plus notoires du siècle dernier, Lazare Levy et Magda Tapliaferro. Rámon travaille plus que de raison : huit à dix heures par jour qui lui laissent, des années plus tard, la pointe des doigts encore rigide. Il loge à la cité universitaire, au collège espagnol où résident des étudiants hispaniques de tout bord. La majorité d'entre eux, plutôt hostiles à Franco, affichent tout d'abord une méfiance à l'égard de ce pianiste qui leur apparaît comme un pistonné du pouvoir espagnol. S'ils pouvaient imaginer... Ce que personne, autour de Rámon, ne peut soupçonner, c'est le profond désarroi dans lequel il est plongé. Un problème le ronge : sa vocation n'en est pas une ! Elle n'est que soumission à son père et Rámon, lui, ne sait pas où est son désir. Il déteste sa future carrière. Il déteste son incapacité à s'opposer à sa famille. Il déteste l'avenir...

Paris devait le consacrer. Il le libérera : c'est dans cette capitale, en effet, que l'artiste forcé se frottera à d'autres milieux, d'autres pensées, d'autres Espagnols. Dont certains, communistes. Sensible aux questions de justice, le voilà qui sympathise avec les thèses marxistes. Il s'initie même au russe. Pour la première fois, Rámon gère sa vie : il donne des cours de piano, d'espagnol, de russe. Pourtant, il ne sera jamais communiste, n'emmènera même jamais un de ses fils à une manifestation. Un jour, il décroche un travail d'illustrateur sonore, à RFI, dans la section hispanique. Il a vingt-quatre ans, a rencontré Felisa qu'il épouse, et vit enfin une existence qui lui ressemble. Chez eux, à Sèvres, la maison du couple sert de halte à de nombreux écrivains hispaniques. Y passent Gabriel García Márquez, Alejo Carpentier, qui offrira son premier instrument à Manu Chao, une sorte de maraca qui, aujourd'hui encore, dort dans la maison parentale.

Son père, en revanche, ne lui pardonnera jamais de s'être affranchi de sa tutelle et refusera de le revoir. Même des années plus tard, lorsque Rámon tentera une réconciliation en venant lui présenter son fils aîné, José Manuel, surnommé Manu, alors âgé de quatre ans. Surpris en pleine partie de cartes, le père de Rámon ne daignera pas lever les yeux sur son petit-fils. Sans se douter un seul instant que cet enfant comblerait le fantasme de notoriété que lui-même avait couvé pour son propre fils. Ni que la musique de ce petit-fils, qui rendrait le nom de Chao mondialement connu, puiserait directement dans les accents latinos d'une île cubaine qui avait fait naître son rêve tyrannique.

Chapitre 2

Deux frères et un cousin

Oh, noooon ! Il ne va pas nous la faire encore ! Manu, star internationale, soupire devant l'article de journal où Rámon raconte comment il a finalement révélé à ses fils le virtuose de musique qu'il était. Il connaît cette histoire par cœur... La légende familiale est en train de devenir gourmandise des médias ! Pensez un peu... Roland Barthes, un des plus célèbres philosophes français, initiateur, à son insu, du plus grand groupe de rock français appelé la Mano Negra !... Pardon, Manu, revoici l'histoire : depuis plus de dix ans, Rámon a définitivement fermé le clavier de son piano et ses fils ignorent tout de son passé. Jusqu'au jour où Rámon doit faire une interview de Roland Barthes. L'appartement du philosophe abrite un piano. Le journaliste s'étonne. Qui donc joue ici ? Le philosophe lui raconte : ses exercices quotidiens, c'est sa bouffée d'air, un remarquable défouloir et une discipline, également. Lorsqu'il redescend l'escalier du maître, Rámon n'a plus qu'une idée, aussitôt exécutée : il s'engouffre dans le premier magasin de musique, commande un piano à queue et rentre chez lui, sans rien dire. Lorsque, quelques jours plus tard, l'encombrant instrument débarque dans le salon, les petits Chao, alors âgés de dix et huit ans, sont les premiers surpris. D'autant que leur père s'assoit devant le clavier et se met brusquement à jouer. Leur père est un pianiste et ils ne le savaient pas ! Excités par cette découverte, les bambins veulent être initiés. Ils découvrent les gammes, les partitions puis les sonates, à raison de plusieurs heures par semaine. Rámon se révèle exigeant sur ces leçons. Il faudra l'intervention de Felisa pour lui glisser que le piano barbe les gosses et qu'ils n'osent pas lui en parler... Rámon accepte aussitôt que Manu et Antoine cessent le piano mais pose, cependant, une condition : ne pas abandonner la musique pour autant. Ravis, les fistons font part de leur décision : l'un fera de la guitare, l'autre de la batterie. À partir de cet instant, leur père n'interviendra plus jamais dans leurs choix musicaux. Pas ingrats, les fils, eux, savent ce qu'ils lui doivent. Même s'ils se passeraient bien du refrain concernant « le-plus-grand-philosophe-français-grâce-à-qui-la-Mano-Negra-existe »...

Plus tard, Manu se retrouve au Conservatoire. L'une des plus grandes figures emblématiques du mouvement rock alternatif français a donc joué dans la cour des traditions. Même s'il s'en détourne au bout de quelques années, désireux de suivre sa propre voie. De toute façon, école, solfège ou pas, Manu est un bosseur. Sa rébellion n'est pas dirigée contre l'Éducation nationale. Est-ce parce que, à travers la farandole de visiteurs espagnols et latino-américains, écrivains et intellectuels démocrates souvent opposants dans leur pays, Manu a mesuré l'importance de la culture comme expression de liberté ? En tout cas, le futur punk se révèle un élève intelligent, studieux, gentil. Il ravit ses professeurs. L'un d'eux, un jour, ira même jusqu'à prédire : « *Il pourra faire ce qu'il voudra.* » Encore aujourd'hui admirateurs et adversaires de Manu Chao s'accordent sur ce point pour définir le chanteur : Manu Chao est un bosseur qui *fait* ce qu'il veut. Même quand il ne peut pas le faire...

Felisa, la mère de Manu, est la fille d'un républicain espagnol qui a fui l'Espagne franquiste, emmenant sa famille en exil. Elle a connu dès l'enfance les camps d'hébergement de réfugiés, en France. Cette brillante scientifique, que certains de ses proches définissent, avec une affection admirative, comme « *dangereusement intelligente* », sait ce qu'elle doit à l'école de la République française. Son père, Tomás Ortega, représente d'ailleurs une figure essentielle pour Manu Chao. Un personnage à part entière. L'homme a gardé le physique fort et imposant de l'ex-champion de pelote basque qu'il a été. Ses récits entretiennent une légende, incontournable pour ses petits-fils, Manu, Antoine et leurs cousins germains, Santiago et Marina. La vie de Tomás Ortega n'a été qu'un inlassable combat pour la justice et la dignité, au-delà de toute frontière. Ingénieur des communications durant la guerre d'Espagne, il est chargé de saboter les liaisons téléphoniques des villes prêtes à tomber aux mains des franquistes. La méthode se révèle d'une efficacité si redoutable que sa tête est mise à prix. Finalement Tomás parvient à quitter le pays par le dernier bateau en partance pour Valence. Après un séjour en camp d'hébergement, il se réfugie en Algérie pendant une dizaine d'années, avec son épouse et leurs deux filles. De retour en France, le vieil homme refusera obstinément de rentrer en Espagne, même après la mort de Franco, considérant que Juan Carlos se situe dans le droit-fil du Caudillo. Son attachement à l'Algérie, en revanche, demeurera, lui, intact. Et il passera des soirées à retracer son épopée à ses petits-enfants, à raconter son départ de l'Espagne pour ce pays de lumière où la mère de Manu a coulé toute son adolescence. D'ailleurs, bon nombre d'Algériens se sont demandé si Manu Chao n'avait pas quelque origine algérienne. Certains voyaient un signe dans le fait qu'il portait le maillot de l'équipe nationale de foot. D'autres, plus tard, ont brandi « Denia », un titre de son deuxième album *Próxima Estación : Esperanza*, chanté en arabe : « *Algérie, ma pauvre Algérie...* » Fausses pistes. S'il est indéniablement méditerranéen, Manu Chao n'est pas algérien pour autant. Cette rumeur coriace, ainsi que celle, à Santiago de Chili, qui le prétend né chilien et non pas français, prouve deux choses. L'une, c'est que Manu Chao est décidément une star puisque seule une star fait courir des rumeurs autour de son nom. La seconde, c'est que Manu Chao possède une formidable capacité d'adaptation au milieu dans lequel il évolue : Cubain à La Havane, Chilien à Santiago, Algérien à Blida, Parigot à Ménilmontant, Espagnol à Barcelone... notre homme est un vrai caméléon !

Le grand-père Tomás aime chanter. Tout comme son gendre, Adrián Casariego, marié à sa fille cadette. Lors des fréquentes fêtes de famille, Adrián, père de Santiago et

Marina (respectivement futur batteur de la Mano Negra et future chanteuse de Marousse), chatouille sa guitare. Et les enfants baignent dans cette chaude ambiance musicale, où tout le monde parle l'espagnol. Cette langue, celle de leur mémoire familiale, deviendra leur musique, leur nom. Leur signature. Manu partage la majeure partie de son temps avec Santiago, alias Santi, qui a seulement six mois de moins que lui et qu'il considère comme un frère. Physiquement, ils ont ce même regard brun intense, souligné par d'épais sourcils, et dégagent une beauté accentuée par une expression un peu sombre. Leur taille diffère : Manu, comme son frère Antoine, est plutôt petit, contrairement à Santi, un grand gaillard. Mais tous trois dégagent, sans le savoir, une séduction hors normes. Leurs goûts musicaux se rejoignent, sans nécessairement se confondre. Tous les trois partagent la même passion pour Gene Vincent, Chuck Berry, Dr Feelgood, Little Richard. Puis les Who, les Rolling Stones, et, quelques années après, les Clash et les Sex Pistols. Mais s'il ne faut retenir qu'une référence, c'est sans doute Otis Redding qui remporte tous les suffrages, Otis dont l'émotion donne encore aujourd'hui la chair de poule au patron du label Mercury qu'est désormais devenu Santiago. Enfin, avant les autres, Manu écoutera Bob Marley, à qui il voue une profonde admiration. C'est « *mon prof de simplicité* », avouera-t-il un jour, avant de lui rendre hommage, en 2001, avec « Mister Bobby ». D'ailleurs, en 1994, au sommet de la gloire de la Mano Negra, le chanteur dira encore une fois combien il reste « *québlo, québlo, québlo (*bloqué*) sur Marley. Pour sa musique, ses paroles. C'est un grand monsieur*[1] » sans se douter le moindre instant qu'un jour la presse le comparerait au pape du reggae.

Santiago est également passé par le conservatoire de Chaville, mais de façon plus soutenue. Passionné de saxophone, il préfère le classique au jazz et déchiffre des partitions jusqu'à l'âge de seize ans. En voyant un jour un de ses professeurs jouer de la batterie, le jeune homme aura soudain le déclic...

Forgée au quotidien, la complicité entre Manu et Santi est profonde. Elle trouvera sa plus parfaite traduction dans

1. *Les Inrockuptibles*, juillet 1994.

la Mano Negra. Les deux amis n'ont pas besoin de beaucoup se parler : un simple échange de regards évite souvent de vains discours. Leur lien n'est pourtant pas sans rivalité. Mais les conflits sont stimulants, productifs et surtout restent très privés. Face à l'adversité, Manu et Santi font bloc. Pour certains, cette osmose semble difficile à bousculer. Mais c'est ainsi : Manu a besoin de Santi et Santi suit Manu. Idem pour Antoine dont l'importance n'a rien à voir avec son rang de cadet : sa présence sera longtemps indispensable à Manu, voire équilibrante, durant les années Mano Negra. Pour tous trois, la musique s'écrit incontestablement dans une histoire de famille. Dès 1987, alors qu'il est en train de monter la Mano Negra, le fondateur du groupe ne déclare-t-il pas : « *Nous avons une base solide et il est peu probable qu'elle se brise, car le groupe a été créé pour la simple raison que Tonio, Santiago et moi-même ne supportions plus l'idée de ne pas jouer ensemble.* » ?

Baccalauréat en poche, malgré son prof de philo qui l'encourage à faire hypokhâgne, Manu se destine à la musique. Il s'est même imposé un délai et en a parlé à ses parents : si, à l'âge de vingt-cinq ans, il n'a pas encore percé, il entamera des études. Pari tenu : quand la Mano Negra devient le plus célèbre groupe de rock français, Manu Chao a vingt-sept ans. Et déjà quatre disques à son actif, un des Hot Pants, trois de Los Carayos. Satisfaisant. Mais pour lui, pas suffisant.

Chapitre 3

Rock alternatif et boucheries en gros

Dès l'adolescence, déjà, toute la vie ne tend que vers ça : jouer, jouer, jouer... Ne pas perdre de temps. On est en 1979. Manu et Santi intègrent un groupe, Joint de culasse, monté par un pote, Fredo. La première répétition a lieu dans la cuisine des parents. Lorsque les deux cousins y débarquent, ils découvrent un vague groupe, les pieds dans des bassines en plastique pour s'isoler des décharges d'électricité qu'envoient régulièrement des amplis à bout de souffle... Joint (pour la fumette) de culasse (pour les motos). « *On n'était pas allés chercher plus loin, à cette époque* », rigole un des anciens. Le gang fonctionne essentiellement sur des reprises, avec une très nette préférence pour le rockabilly. Pourtant les premiers concerts reprennent en boucle essentiellement deux titres qui n'ont pas grand-chose à voir avec les *fifties* : « *Je me demande si c'était pas Santana et les Stones mais, de toute façon, on les jouait tellement mal que personne ne s'en rendait compte !* » se rappelle Santi en se marrant. Qu'importe, l'ambiance est d'enfer, et les cousins se font la main en multipliant les prestations scéniques. Mais très vite, Manu a une autre idée, une autre envie. Ça s'appellera Hot Pants et ce sera plus espagnol, plus créatif... plus Chao.

Les frangins et leur cousin ont vu, peu de temps auparavant, le film de Saura sur la jeunesse espagnole hors-la-loi : *Vivre vite*. Un flash ! Ils découvrent tout à coup une

Espagne autre que celle de papa-maman, une Espagne tout à coup *à eux*, proche d'eux, vivante, actuelle, quoique violente. Ou peut-être, à leurs yeux, vivante parce que violente. Ils ont soudain envie d'aller en Andalousie, d'écouter du flamenco, pas celui dans lequel ils ont baigné, enfants... mais un flamenco remixé à la sauce de leur génération. Et puis ce titre, putain... *Vivre vite*... Comment ne pas s'y retrouver, surtout quand on est un boulimique de musique, comme Manu, une boule d'énergie derrière une apparence timide, qui a envie d'en découdre, un fils d'intello qui, sans renier son éducation, ne s'y reconnaît pas nécessairement. Manu n'est attiré que par les cultures populaires. Son imaginaire est pétri d'histoires de quartier, de *barrios*, de légendes qui courent sur d'attachants voyous rebaptisés *indios*, de lascars ou d'anonymes érigés en héros. Manu est un solitaire, avec une vraie douceur et une réelle dureté, en quête de nouveaux sons, de nouveaux codes, de nouveaux langages, de nouvelles musiques. D'autres vies. D'autres esthétiques... Qu'il traque partout, chez tous, tout le temps. Et chaque rencontre de sa vie va impérativement nourrir sa quête.

Il y aura Tom Darnal, initialement pote d'Antoine et futur clavier de la Mano Negra. Même lycée, section dessin, bien branché en electro-funk, boîtes à rythmes et sons métalliques, Tom, dès l'adolescence, dispose d'une collection de disques assez originale.

Il y aura la belle Anouk, père algérien, mère arménienne, rencontrée lors d'un concert et qui le toise du haut de ses treize ans parce qu'elle le trouve odieux. Passé ce début d'histoire d'amour aux allures de grand classique, l'apparent goujat se révélera tendre et attentionné. Elle lui accordera une place privilégiée dans son univers familial, très chaleureux, et il lui ouvrira les portes d'un milieu artistique auquel elle n'aurait sans doute pas eu accès. La famille Khelifa accueille volontiers Manu qui, sans prévenir, peut y débarquer, manger, dormir, changer d'air...

Il y aura aussi Marc Winandy, directeur bénévole de la MJC de Boulogne, dans les années 1980, fan de Manu dès la première heure. De ce drôle de personnage qui forçait les frontières en fonçant sur les barrages, en voiture, jouait de la batterie sur scène avec son sexe (prétendu de vingt-huit centimètres) et se noyait dans l'alcool, Manu dit : « *Je lui dois tout.* »

Il y aura François Hadji-Lazaro, leader du célèbre groupe de rock alternatif, les Garçons Bouchers, puis de Pigalle, qui initiera Manu à la chanson française et à l'accordéon. Et puis, les Casse-Pieds, groupe de métro, avec Jo et Philippe, des Juifs tunisiens que Manu décomplexera en déterrant les classiques orientaux de leur enfance. Wally, pote de *barrio*, et actif militant des périphéries, dont la mort à trente ans rendra longtemps Manu inconsolable.

Et puis il y aura Bernard Batzen, producteur atypique, aussi alternatif, d'une certaine manière, que les groupes qu'il manage, à qui Manu demandera de devenir leur tourneur pour « professionnaliser » la Mano.

Et tous les autres, amis ou faux frères, proches ou anonymes, relations éphémères ou infidèles, disséminés dans le monde entier et dont la rencontre, parfois fugitive, inspirera à Manu une note, un accord, une chanson... Comme beaucoup de grands artistes (David Bowie, par exemple, est de ceux-là) tout échange, toute rencontre doit toujours lui servir à quelque chose : certains l'accusent d'opportunisme, d'autres rectifient en trouvant cela naturel.

Et Manu bosse sans perdre de temps avec, toujours, ce titre de film en tête, *Vivre vite*. Tracer... Et travailler. Parce que c'est dans sa nature, même si le mot l'irrite, comme le révèle une anecdote : un jour, Manu s'exerce à la guitare lorsque le téléphone sonne. À l'autre bout du fil, son père lui demande ce qu'il fait. « Je joue de la guitare, répond Manu. — Ah, tu travailles, surenchérit son père. — Non, je joue de la guitare ; toi, dis que je travaille, si tu veux... » Nuance ! Manu est un travailleur qui ne se déclare pas. Tous – amis, ex-amis, ex-fiancées, adversaires, détracteurs, fans – s'accordent sur ce point : c'est un vrai bûcheur. Un inlassable bosseur, un despotique bosseur... de son coup d'essai, Joint de culasse, son premier groupe, à ses coups de maître en solo. Manu « musique » (inventons ce verbe pour lui !). Pas du matin au soir, parce que le matin il dort volontiers. Mais toute la nuit s'il le faut (et Dieu sait s'il en passe en studio !). Il « musique » comme d'autres mangent, dorment, respirent, marchent, copulent. À l'instar de Picasso, il cherche, balbutie, tâtonne, bégaie, teste, rature, réessaie. Manu s'imprègne sans cesse, sans pauses, de nouveaux sons, de nouveaux rythmes, les teste, les intègre, les gomme, les reprend, les épouse pour mieux s'en défaire, puis pour mieux les remodeler... Épuisant ainsi, parfois, les musiciens et les ingénieurs du son les plus résistants. Revenant sur leurs orientations, ajoutant des éléments. Cette démarche peut séduire au début, puis exaspérer. Finalement, plus que chercher, à l'instar de Picasso, Chao trouve. Et accumule. Si ça ne sert pas tout de suite, ça servira plus tard !

Tyran pour certains, perfectionniste pour d'autres, Manu trace, en agissant toujours par instinct. En moins de dix ans, le musicien cumule les expériences : Joint de culasse en 1979, Hot Pants en 1985, Kingsnakes en 1986 ainsi que Los Carayos l'année suivante puis, parallèlement, la Mano. En 1987, il ne se consacre quasiment plus qu'à ce dernier groupe qu'il veut professionnaliser. Durant ces dix ans, il y a aussi Issue de Secours, à Sèvres, une aventure associative dans laquelle il s'est engouffré, à l'époque des Hot Pants, avec son frère et son cousin. Issue de Secours, c'est le nom d'une ancienne usine occupée par des artistes et des passionnés de musique. L'idée est de monter un studio de répétitions en même temps qu'animer un bar, un lieu pour des concerts. Le trio s'y investit à fond. L'histoire dure trois à quatre ans, avant que la municipalité passe à droite et Issue de Secours, l'arme à gauche. Mais, à dix-neuf et dix-sept ans, l'expérience va marquer Manu et son frère, leur prouver qu'il existe des « issues de secours » hors du système. Que pour jouer, on n'est pas obligé de rentrer dans des moules. Il faut juste *passer à l'acte, agir. Faire...*

Dans les années 1980, le circuit rock de la production, de l'édition et de la diffusion musicale est plutôt sclérosé. La bande FM débite ses tubes au kilomètre (pour la plupart anglo-saxons), encouragée par un Top 50 omniprésent pour ne pas dire oppressant. Les petites salles de spectacle sont rares. Pourtant, tout un bouillonnement agite Paris et la province. Des dizaines de jeunes groupes énervés, pour la plupart élevés au biberon punk, essaient tant bien que mal de faire entendre leur bruyante différence et rêvent de repeindre les hymnes du « No Future » aux couleurs bleu, blanc, rouge. 1985 reste une année cruciale pour ce qui va vite devenir le mouvement alternatif français. À Paris et en proche banlieue, l'initiative informelle Pari Bar Rock accueille des groupes informels, qu'ils soient brillants, ludiques, professionnels débutants. Le scénario est immuable : un patron de bar accepte de laisser un groupe se produire, le groupe fait salle comble et beaucoup de bruit, la police vient vider les lieux. Et dans ce jeu du chat et de la souris, certains cafetiers s'engagent plus que d'autres comme Rascal et Ronan, qui tiennent le bar Jimmy.

Tout parallèle qu'il est, le réseau a de sacrées ressources. Il rebondit sans cesse, ici ou ailleurs, à Paris ou en province. Le bouche-à-oreille est son meilleur soutien. Les bars sont souvent bourrés. Les musiciens aussi. Parfois, certains groupes éclosent justement d'un trop-plein de bières ou de pétards, ne durent qu'une soirée puis s'éteignent à l'aube pour renaître sous une autre forme, avec un autre casting, le soir suivant... Au cours d'une même nuit, on peut écouter jusqu'à trois groupes, tous de qualité, allant du punk version Ménilmontant des Garçons Bouchers au reggae novateur de Babylon Fighters. À la pointe de ce mouvement, on trouve les Bérurier Noir. Groupe d'origine nihiliste né en 1978 et formé de banlieusards, les Bérus, comme on les appelle, sont les plus spectaculaires (une mise en scène très théâtrale), les plus politisés, les plus radicaux, vendant leurs disques sans aucune promotion télé ou radio. Les plus populaires aussi. Mais ils ne sont pas seuls. Partout, des gangs font entendre leur voix, avec des noms de guerre qui, à eux seuls, donnent une petite idée du bouillonnement créatif : la Souris Déglinguée, les Satellites, les Négresses Vertes, Hot Pants, Parabellum, Chihuahua, Wampas, Ludwig Van 88, les Endimanchés... tout un programme ! Généralement issus d'un même milieu modeste, ces jeunes savent depuis longtemps se démerder seuls. Ils squattent les uns chez les autres, accumulent les petits boulots, trouvent toujours le temps d'une bière au comptoir, jouent dans la rue, dans le métro... Manu se retrouve complètement dans ce mouvement désordonné, dans ce bouillon de culture dont le credo semble être : *« Tout est possible, puisque c'est nous qui déci-*

dons. » Derrière ce joyeux chahut, la vague du rock alternatif s'inscrit dans l'histoire. Dans ces années 1980 où le Front national prospère, les groupes « indés » (pour « indépendants ») de tous poils incarnent violemment la lutte antifasciste. Pour eux, le combat contre un racisme grandissant correspond d'ailleurs plus à un mode de vie qu'à une idéologie. Manu, avec son clan basque, son amoureuse d'origine mixte, ses potes basanés ou pas, ses bars préférés kabyles et africains, colle bien avec cette mouvance. Éloge du métissage : le mélange même des instruments témoigne du cosmopolitisme ambiant. Les rugissements des guitares électriques se mêlent au son de l'accordéon, les tempos lourds du rock n'étouffent pas les langoureuses plaintes amoureuses, la langue anglaise cède la place au français, à l'espagnol et à l'arabe. Enfin, face à l'invasion d'une pop FM anglo-saxonne vide de sens, la plupart de ces jeunes rebelles cherchent une culture plus authentique, et trouvent dans la chanson française populaire de solides et profondes racines. Piaf ou Fréhel ne sont plus seulement les divas du troisième âge. Elles deviennent les emblèmes d'une chanson réaliste qu'il s'agit, pour tous ces groupes, de réinventer. Et encore une fois, Manu se singularise : alors que les Garçons Bouchers adaptent à leur sauce un standard d'Aznavour (« Viens »), Manu Chao lorgne vers l'Espagne et reprend des classiques de Rosa María de Camarón de la Isla, chanteur flamenco, dans l'album des Hot Pants, *Loco Mosquito*.

Dans ce paysage artistique coloré, un personnage se distingue : François Hadji-Lazaro. Un cas... Ancien instituteur passionné de folk (notre homme est un fan de Malicorne comme de Bob Dylan) et de chanson réaliste, ce multi-instrumentiste au physique inquiétant se convertit sur le tard au punk, dont l'énergie brute le fascine. Ses deux groupes, Pigalle et les Garçons Bouchers, vont être, dès 1985, les deux figures de style du même grand écart consistant à jeter les bases d'une musique populaire inédite, empruntant à Fréhel sa poésie, au folk ses instruments (la vielle berrichonne, l'accordéon cajun ou la cornemuse celte), et au rock le plus extrême sa brutale folie. La reprise d'un vieil air de Georges Ulmer (« Pigalle », justement) et un rude cocktail pétillant et alcoolisé (« La Bière »), vite devenus des hymnes, inaugurent alors une aventure haute en couleur et en surprises musclées. Hadji-Lazaro repère tout de suite le potentiel du mouvement alternatif et monte le label Boucheries Productions, véritable PME du rock indépendant, qui s'avérera rapidement une formidable pépinière de jeunes talents. Dans une mouvance dont il est un des personnages les plus politisés, sa position tranche complètement avec celle qu'adoptent à la même époque les Bérurier Noir, autour du label Bondage. Alors que ces derniers prônent une autonomie pure et dure, allant jusqu'à diffuser eux-mêmes leurs productions, Boucherie se sert du système, l'infiltre pour mieux le combattre : distribution des disques par une major compagnie dans les réseaux traditionnels, dépôt de toutes les chansons à la SACEM (ce que les Bérus refusent catégoriquement), passage télé des groupes dans les émissions les plus populaires (les Garçons Bouchers ne détestent pas faire une apparition à « Dimanche Martin »)... tout (ou presque) est bon à prendre pour faire avancer la cause.

Il restera dans l'histoire du rock français que le premier album de la Mano Negra, *Patchanka*, a été produit par Boucheries Productions en 1988. Cette année-là, Manu, Tonio et François font partie d'un même groupe, Los Carayos. Manu et François ont beaucoup d'estime l'un pour l'autre. François considère Manu comme un des meilleurs chanteurs français. Mais sa boulimie de musique, qui le fascine, l'irrite parfois. François, lui, est un boulimique de la vie...

Leurs chemins, qui se croisent à cette époque, se sépareront plus tard. Mais leur échange n'aura pas été vain : Hadji-Lazaro a consolidé chez Manu comme chez son frère une sensibilité politique déjà sensible. De leur côté, Manu et Tonio amènent François à adoucir ses positions parfois plus militantes que musicales. Longtemps, Hadji-Lazaro déplorera la fin de l'époque alternative. Composée quelques années plus tard, une de ses chansons[1] exprimera toute sa nostalgie et, surtout, la tristesse d'une si riche occa-

1. *Chez Rascal et Ronan*, Pigalle, 1990, Island.

sion gâchée. Comme si le camp des plus forts avait finalement gagné... Considéré comme un de ces « gagneurs », Manu, lui, tentera durant toute sa carrière de rester fidèle à l'esprit de cette mouvance. Plus ou moins, mais plutôt plus que moins.

Chapitre 4

Cithéa, 1986

Ce jour-là, au café-concert Cithéa, Manu est particulièrement en forme et, sans le vouloir, concurrence aisément Ricky Amigos, alors seul et talentueux musicien à mêler au rock des parfums d'Espagne. Son groupe, les Hot Pants, se distingue déjà, en cette année 1986, par sa qualité musicale, sa dextérité et sa maîtrise techniques. Les Hot Pants est un nom emprunté à un titre de James Brown qui date de 1971. Certains éléments de ce morceau, comme l'insistance de cuivres incandescents sur un rythme répétitif jusqu'à l'hypnose, préfigurent déjà le canevas musical cousu main par Chao. Manu joue en pro. S'il n'a pas encore la gestuelle du leader de la Mano, il en a déjà la présence. Un charisme qu'une étincelle dans son regard, ou un geste précis, rapide, violent sur sa guitare, trahissent parfois, lui donnant des expressions de petit voyou, de *Indio de Barcelone*, comme il le chantera quelques années plus tard. Dans le public, soufflé par sa flamme, un jeune homme jubile. Daniel Jamet est guitariste lui aussi, venu de sa Touraine natale pour devenir musicien et, depuis plusieurs années, a monté un groupe avec son frère, Abel et Caïn – tiens, presque la même histoire que ce petit mec qui s'agite sur scène avec son cousin ! Ce soir-là, devant Manu, il est en train d'écouter exactement la musique qu'il aimerait jouer. Un rock nerveux, à la fois inspiré des Clash, de Dr Feelgood, et original, singulier. Deux ans auparavant, Daniel avait déjà vu Manu sur scène. À l'époque, le chanteur sévissait encore dans Joint de culasse, groupe alors nullement enfiévré par un quelconque son latino. Aujourd'hui, en écoutant les Hot Pants, il n'en revient pas du chemin parcouru par ce jeune lutin que l'on croirait par instants possédé. Tout semble déjà formidablement en place. Et puis, le batteur assure. Réglé comme un métronome, il établit une évidente complicité avec Manu. Rien d'étonnant à cette complicité : c'est désormais Santi qui entretient le feu, à l'arraché, en frénétique autodidacte plus qu'en technicien consommé. À vrai dire, parmi les huit musiciens du groupe, peu jouent sur leur instrument initial. Jo est passé de la guitare à la basse, Tom est aux claviers, Philippe aux percussions. La Mano Negra érigera d'ailleurs presque cette démarche en principe.

Manu Chao vient de lâcher ses dernières notes. Merci, *hasta luego*, à la prochaine. Dans le public, le spectateur-guitariste se dit : « *Voilà vraiment le mec avec qui j'aimerais jouer dans un groupe.* » Ce concert volcanique le conforte dans ses convictions et le jeune homme se souvient d'un vieux rêve qu'il avait fait, une nuit, à onze ans, après avoir écouté Led Zeppelin : il jouait de la guitare et, autour de lui, tout le monde semblait heureux. Au matin, encore ému, l'enfant s'était dit : « *J'existerai comme ça.* » Et là, aujourd'hui, sur la scène du Cithéa, il a reconnu la même passion, la même fièvre, le même désir. Tout, dans les Hot Pants, lui plaît. À commencer par ce son presque parfait...

Quelque temps plus tard, Daniel Jamet, futur guitariste de la Mano Negra, croisera une fois encore le groupe, dans un bistrot, cette fois. Et malgré une mauvaise sono, il retombera sous le charme d'un nouveau concert « à l'arraché » (Manu cultivera toujours et partout ce don de jouer avec la même énergie devant des foules ou pour une poignée de spectateurs). « *Oui, voilà vraiment le mec avec qui j'aimerais jouer.* » Il lui faudra encore une bonne année d'apprentissage, au sein de son groupe, les Volées, puis les Casse-Pieds, avant qu'il ne rencontre Manu en 1987, puis qu'il intègre la Mano. Il y restera quatre ans.

Chapitre 5

Au prix où sont les courges...

Disons-le tout de suite : de ses débuts à ses derniers solos, Manu Chao a fait preuve d'une totale cohérence musicale, même si son rock a changé de texture, de couleur, de format. L'album *Loco Mosquito* des Hot Pants, dont le chanteur s'est fait tatouer le dessin de la pochette sur l'épaule droite, en est une preuve éclatante. D'emblée, tout y est. Le disque dessine ce vers quoi l'artiste ne cessera d'aller. Mais il raconte aussi qui il est. D'abord, sa première et absolue référence : le rock. Dès l'introduction, sans jamais céder au plagiat, le chanteur balance des clins d'œil à travers des avalanches de guitares : les Clash, en premier lieu, avec « African Witch », les Beatles et Chuck Berry ensuite avec « Ma Dear », patchanga enfin, ce rythme syncopé et vif apparu au début des années 1960 dans le courant de la salsa new-yorkaise. Manu en raffole. En témoigne « Ay Qué Dolore », une reprise du groupe espagnol Los Chungitos, qui fera un tabac sur scène. « *C'est carrément de la variété*, dira-t-il, *mais je trouve qu'il y a de l'esprit là-dedans*[1]. »

Nous sommes en 1986, Manu Chao est le Monsieur Jourdain de la musique : il fait de la world sans le savoir ! Une chose est indéniable : la fièvre de la future

1. *Les Inrockuptibles*, mai 1994.

Mano Negra monte déjà. Pas encore assez forte pour faire exploser le thermomètre, comme trois ans plus tard, mais avec de brûlants symptômes qui ne trompent pas. Un rythme motivé par l'urgence secoue désormais tous les titres, liant dans la même frénésie les accents saccadés du rockabilly à ceux, plus fluides, plus sensuels, du flamenco.

Le groupe Hot Pants s'éteint un peu plus d'un an après la publication de l'album. Mais *Loco Mosquito* a apposé la signature de Manu Chao sur le rock français pour les vingt ans à venir. Manu est prêt à l'assaut, fût-ce au lance-flammes.

Antoine, lui, ne fait partie ni de Joint de culasse ni des Hot Pants. Étudiant en physique, il n'a pas encore tranché pour la musique, contrairement à Manu. Fraîchement converti au jazz et à la salsa, il est passé de la batterie à la trompette et baigne sans cesse dans l'ambiance musicale latino. Comme pour son frère, la musique est le moteur de sa vie. Parallèlement à la fac, il intègre Chihuahua, un groupe de rock « indé » hispanisant dirigé par Napo.

1986-1987. Avec son frère, Manu évolue dans un véritable réseau de musiciens, tous issus de groupes indépendants de l'époque. Ce réseau accouchera de Los Carayos, un des piliers du mouvement alternatif et un des fleurons des Boucheries Productions. Los Carayos est un vrai patchwork, un « super groupe » (dans la grande tradition anglo-saxonne) à la sauce « indé ». On y retrouve un doigt de Hot Pants, avec Manu. Puis une poignée de Parabellum, avec Schulz, son leader. Ensuite une bonne dose de Wampas, avec Alain. Beaucoup de poudre de Chihuahua, avec Tonio. Enfin, plusieurs bons kilos de Garçons Bouchers, grâce à l'incontournable présence de François Hadji-Lazaro. Trois albums produits chez Boucheries Productions (*Ils ont osé !*, *Persistent et signent...* et *Au prix où sont les courges*) naissent de cet informel mariage, avec une formule qui laisse présager la très prochaine Mano Negra. Los Carayos est un groupe extraordinairement festif qui, d'après Manu, « *plaît à tout le monde, aux punks, à mes voisins, à mes vieux [...]. Je revendique Los Carayos comme un groupe de balloche qui sort du ghetto rock* ».

Dans le second album de Los Carayos, *Persistent et signent...*, en 1987, Manu écrit deux chansons : « Roberta » et surtout « Oscar Tramor », qui deviendra son pseudo et que certains journalistes prennent encore pour son vrai nom. Ce titre est inspiré de la chanteuse mexicaine Irma Serrano ; un de ses succès s'appelait « Busca Otro Amor » (*Cherche un autre amour*) que Manu déforme en Oscar Tramor (*Matador malchanceux*).

Grâce au réseau des Barrock, désormais étendu à toute la France, Los Carayos écume l'Hexagone en long, en large et en travers, transformant n'importe quel lieu en étuve sur les accents orientaux d'un « Mustapha » de Bob Azzam passé à la moulinette punk. Pour Manu, c'est le dernier tour de chauffe...

Car Manu est déjà ailleurs. Dans son grand projet, la Mano Negra. Manu a envie de faire « son » truc, d'être clairement celui qui dirige. Pour aller vite. Nourri d'expériences collectives, Manu Chao reste un individualiste. Les influences extérieures sont les bienvenues mais ne doivent pas prendre le dessus sur sa propre créativité. Il veut produire comme il l'entend. Concevoir « sa » chose.

Depuis la fin des Hot Pants, le public est déçu, il attend un éventuel retour, une miraculeuse renaissance. Manu tourne en rond, mais pour d'autres motifs : lui, c'est Santi qu'il attend, parti en tournée au Brésil avec les Kingsnakes. Peu avant son départ, Manu le presse : laisse tomber les Snakes, on va faire un nouveau groupe, Antoine, toi et moi... Ça sonne déjà comme une chanson de Michel Legrand, un film de Claude Sautet, un début de belle histoire... Ce groupe s'appellera la Mano Negra. Un nom mortel ! Manu l'a trouvé dans une bande dessinée de Rousseau, une histoire de guérilleros d'Amérique du Sud dont l'emblème est une main noire, justement, raconte-t-il avec enthousiasme à son cousin. De plus, ajoute-t-il, Mano Negra était aussi le nom d'une bande d'anarchistes en 1882, en Andalousie. Ce nom a décidément tout pour plaire.

Mais Santi n'est pas pressé. Il est à la veille d'une tournée de trente concerts en Amérique latine... Et dans le groupe qu'il admire depuis l'adolescence. Comme Manu, d'ailleurs. Les Kingsnakes, avec l'ex-batteur des Flamming Groovies dont les cousins écoutaient inlassablement l'album *Un rêve d'ados*. Un rêve réalisé dès 1986, lorsque tous deux ont accompagné le groupe, impressionnés par le talent du guitariste Daniel Jeanrenaud comme par son immense culture blues et rock. Manu déserte vite le gang. Santi, lui, reste fidèle au poste. Il n'entend pas lâcher le groupe au moment de cette tournée. Mais Manu a du charisme, de la conviction. Aux yeux de son cousin germain, il n'est pas seulement un talentueux auteur mais également un génial chef d'orchestre. Et puis, n'est-ce pas l'heure de se retrouver ? Ne sont-ils pas, désormais, plus liés que jamais par cet album des Hot Pants qui, du reste, ne leur a jamais été payé (les cousins mettront douze ans à obtenir leurs droits) ?

Au retour d'un mois et demi d'absence, Santi s'aperçoit que le projet de Manu a mûri et accepte ses propositions. Les séparations avec leurs groupes respectifs se font à l'amiable (on retrouve d'ailleurs Santi à la batterie sur un album de 1988 simplement intitulé *The Kingsnakes*, avec Jeff Eyrich, le producteur des mythiques Pimsouls). Pas de rupture brutale. Manu passe, puis s'en va... Parfois, les groupes lui survivent, parfois ils périclitent... Pendant un moment, Manu poursuit sa participation à Los Carayos ; pour leur troisième album, *Au prix où sont les courges*, il enregistre plusieurs morceaux, « L'Escalier », « Ai Vai » et « Carburador ». Un an plus tard, en 1990, lorsque le disque sort, Manu Chao est déjà en pleine ascension, mais ne rechigne pas à les accompagner dans quelques tournées. Avant sa version définitive, celle qui dépassera les frontières de l'Hexagone, la Mano Negra connaît plusieurs moutures. « *Dans la Mano Negra, il y pas mal de musiciens qui changent*, explique-t-il alors, encore en pleine phase de recherche. *Il y a trois mecs de base et des gens qui passent. [...] Je n'ai pas encore trouvé la formule idéale*[1]. »

En Basque bien têtu, il trouvera.

1. *Les Inrockuptibles*, avril-mai 1988.

Chapitre 6

Mala Vida

« *J'aime bien ce que tu fais, j'aimerais bien devenir ton pote.* » Philippe Teboul est un type direct, généreux et désarmant. Batteur des Casse-Pieds, il vient de s'adresser à Manu Chao qui répète, juste à côté d'eux, dans le studio Campus, rue Bréguet-Sabin dans le 11e, à Paris. Les Casse-Pieds sont un joyeux trio formé de Daniel Jamet, fondateur et guitariste (dont on a déjà parlé), Jo Dahan (guitare) et Philippe Teboul, tous deux potes d'enfance, originaires de Sarcelles. Surnommé « le Roi du métro », Daniel a eu la bonne idée de faire jouer son trio sous terre. Des journées entières, les Casse-Pieds s'échinent à convertir les wagons en salle de répétitions, à rejouer les grands classiques devant des voyageurs plus ou moins intéressés, à tenter des improvisations devant un public pas toujours très mélomane et, en fin de compte, à faire la manche... Cet exercice quotidien ne paie pas seulement les clopes, la bouffe ou la location du studio, chez Campus. Il est leur école. L'*Actor's Studio* de la musique, comme le définira Manu lorsqu'il partagera leur expérience.

Flatté par l'approche de Philippe Teboul, Manu rejoint les Casse-Pieds, saisit une guitare pourrie et, avec la même fougue que sur scène, tape un bœuf qui scellera une amitié fondamentale. Pour le chanteur de la Mano Negra, c'est une vraie rencontre : ces trois types correspondent exactement à ce qu'il cherche. Ils possèdent un formidable entrain et un étonnant désir de jouer. Manu les accompagne dans leur tournée souterraine avec enthousiasme. Il aime leur culot : Jo n'hésite pas à monter dans la cabine du conducteur du métro pour se présenter : « *Bonjour, on est les Casse-Pieds, est-ce que vous pouvez nous annoncer dans le wagon suivant ?* » Même si techniquement le trio n'est pas éblouissant, Manu a envie de les intégrer à son prochain disque. Après tout, ils auront tout le temps de faire des progrès en route...

Après *Zarzamora,* un premier 45 tours chez Boucheries Productions en 1988, Manu Chao enregistre *Patchanka,* la même année, au studio Mixit, avec Jean Labbé comme ingénieur du son. En plus de ses vieux complices de Dirty District, des Wampas et des ex-Hot Pants, il convie les Casse-Pieds à l'accompagner. *Patchanka,* premier album de la Mano Negra, fera date. En moins de quarante minutes, *Patchanka* annonce déjà la suite. « *Dónde stanon los cabrones ?* » (*Où sont les enfoirés ?*), lance Manu d'une voix éraillée, dans une sorte de ritournelle écrasée de rock, qui se conclut par un : « *Plus de bruit !!!* » « Mano Negra », morceau survitaminé, ouvre le bal (comme il servira désormais d'introduction à chaque concert) sur un cri de ralliement. Le ton est donné. L'énergie déjà débordante des Hot Pants est décuplée dans *Patchanka* mais, surtout, plus affirmée. On y sent un chanteur bien plus sûr de lui. Les citations anglo-saxonnes s'effacent au profit de sonorités explicitement plus exotiques, accentuées par les cuivres et les percussions. Comment le définir ? De la patchanga à laquelle Chao a le génie de coller le k du rock – patchanKa – en y mixant rock, reggae, ska... « *Mille bombes ! [...] On finit l'écoute du disque haletant* », s'enthousiasme *Les Inrocks*...

Le groupe vise entre 5 000 et 10 000 ventes : en plus d'un an, il s'écoulera plus de 80 000 exemplaires.

Les imperfections de ce disque sont ses qualités. L'album est trop avide, trop expédié parfois, mais terriblement spontané. Il twiste entre punk, rock, rap, dans un grand tourbillon ponctué de quelques ballades. Et, surtout, il parle plusieurs langues (franco-anglo-espagnol), un point qui se révélera fondamental pour Virgin lorsque la maison de disques les accueillera dans son giron. *Patchanka* s'achève sur un superbe flamenco, « Salga la luna », où la voix de Manu se cherche encore. Puis une petite musique de cirque clôt le tout, évoquant la ritournelle d'un orgue de Barbarie. Manu Chao y révèle une mélancolie absente jusqu'alors de sa production rock, trahit un univers intimiste que l'on retrouvera désormais dans chaque disque.

Mais surtout *Patchanka* recèle un tube inespéré : « Mala Vida ». Une chanson d'amour tourmenté aux allures de bijou, étalon-or de ce que la Mano Negra fera par la suite de mieux. La recette est simple : un air de guitare comme base, une violente décharge de batterie et une cascade de cuivres donnant de chaudes rondeurs ska à un rock soudain en transe. Mais le résultat est implacable : une furieuse envie de taper du pied se transforme vite en pogo endiablé ! Bref, à lui seul, le titre « Mala Vida » concentre toute la singularité du groupe. Un clip contribue beaucoup à populariser ce tube. Il est signé par François Bergeron. Pendant dix ans, celui-ci sera la mémoire visuelle de la Mano Negra, jusqu'aux derniers concerts en Colombie, qu'il n'osera cependant pas vraiment filmer...

Bergeron, qui a déjà réalisé des films avec les Bérurier Noir, découvre Manu Chao sur scène entouré de Los Carayos, lors du premier festival alternatif français qui se déroule à Secless, en Corrèze. L'histoire de ce « Woodstock alternatif » est une vraie histoire de fous. Le fils d'une famille de notables locaux, impénitent rocker prenant ses désirs pour des réalités, décide d'organiser un concert dans son champ, avec... les Rolling Stones et David Bowie, qui ne viendront bien sûr jamais. Les groupes « indés » saisissent alors cette occasion pour investir une scène phénoménale, montée en pleine campagne. Pendant une semaine, François Bergeron filme le spectacle ahurissant de punks aux crêtes colorées pogotant au beau milieu de paysans corréziens avant d'attaquer du côté de la buvette des concours de pinard avalé cul sec... Bien longtemps après, devenu réalisateur attitré de la Mano, Bergeron se souviendra de ce concert de Los Carayos où l'énergie de Manu, « *monté sur ressorts et chargé comme s'il était directement branché à son ampli* », l'avait impressionné.

À Paris, Bergeron habite rue des Panoyaux, un rez-de-chaussée situé derrière une buvette tenue par un Malien. Manu et d'autres dorment souvent chez lui. Les soirées se résument à écouter de la musique, fumer des joints, boire des canons... Manu sait qu'il doit encore beaucoup progresser. Comme d'habitude, il joue, écoute, cherche. Il pêche chez le vieux pote Tom des disques de rap, toujours à l'affût.

C'est lui qui demandera à Bergeron, qui ne comprend pas un mot d'espagnol, de tourner le clip de « Mala Vida ». Le jeune réalisateur imagine un petit film burlesque et, avec les musiciens de la Mano, passe des soirées à visionner des courts métrages de Charlie Chaplin ou de Buster Keaton. Puis il décide de prendre le contre-pied du réalisateur le plus en vogue à ce moment-là, Jean-Baptiste Mondino, qu'il apprécie pourtant beaucoup. Il renonce aux décors en studio, aux maquillages et à l'esthétisme de bon ton dans ce genre d'exercice. Le film se fait avec peu d'argent, mais beaucoup de désir et de fous rires. Le décor est planté dans un lieu désaffecté aux allures de friche industrielle. Les musiciens de la Mano s'improvisent acteurs et le moindre pote du groupe est réquisitionné. Anouk et sa sœur se retrouvent stylistes pour les besoins de la cause... Tourné clandestinement, la nuit, dans les studios de l'ex-Cinq, à côté d'un Cyril Collard en train de monter *Les Nuits fauves*, le clip de « Mala Vida » est diffusé dans le métro Tube ainsi que sur M6. On y découvre un groupe jouant volontiers la carte de l'autodérision, au fil d'une cavalcade en noir et blanc filmée en accéléré. Bref, un clip qui va vite, comme la musique de la Mano... Seule ombre au tableau : même s'il y a participé, Manu déteste ce clip dont le rythme accuse volontairement un décalage avec la musique. Juge-t-il que son propre travail est trop peu mis en valeur ? Une chose est sûre : pendant un an, il n'adressera quasiment plus la parole à Bergeron, jusqu'au soir où, dans un bar, vaincu par l'enthousiasme général sur ce travail, il lui dira du bout des lèvres que « *finalement, c'est pas mal...* ». Manu Chao est ainsi, capable d'en vouloir à mort à quelqu'un autant que se réconcilier une fois sa rancœur digérée...

Il faut dire qu'à cette période le chanteur a un autre souci, et de taille : le répertoire de *Patchanka* s'adapte très mal à la scène. Les musiciens de passage qui l'ont enregistré sont rarement disponibles. Il lui faut à tout prix un groupe fixe, qui ne joue que pour lui. Et il a sa petite idée sur le casting. En plus de Tonio et de Santi, Manu veut convaincre les trois Casse-Pieds, son vieux pote artiste polyvalent Tom Darnal (qui a dessiné la pochette du single de la Mano et qui se remet à peine de la fin de son groupe au nom pas possible de Kahdidja) et les Elefunk Men. Manu sait ce qu'il y a à gagner à s'entourer de ces musiciens. Mais, pour que ce beau monde fasse un groupe cohérent, il faut tout chambouler. Jo, guitariste, doit passer à la basse et Philippe doit abandonner sa batterie. Dans un bar, un soir, Manu explique son plan à Philippe Teboul. Voilà, ce serait l'histoire d'un groupe qui s'appelle déjà la Mano Negra mais qui, avec Santi à la guitare, Antoine à la trompette, Tom au clavier, Daniel à la guitare, Jo à la basse et toi aux timbales, va faire un malheur... Dans un premier temps, Philippe est gêné. Certains de ses potes de Dirty District ont accompagné la Mano Negra à plusieurs reprises et il trouve déplacé de se substituer à eux. Ensuite, il est plutôt vexé. Se retrouver avec un triangle dans les mains, ça n'a rien de bien glorieux. À son tour, Manu se fâche. Il ne comprend pas, ce Garbancito, ce pois chiche ! Ce n'est pas l'instrument qui compte, c'est l'énergie, la cohésion du groupe ! C'est ça qui va faire la réussite de la Mano Negra... Manu s'exprime comme un sélectionneur de foot, ce soir-là : « *Tous ensemble, ça tue...* »

Des années plus tard, Philippe Teboul reconnaîtra que cette conversation était prémonitoire. Manu avait vraiment bien jaugé l'équilibre du groupe qu'il voulait former. Car c'est bien sûr grâce à la synergie entre ses huit musiciens que la Mano Negra est devenue cette formidable machine de guerre. Autrement dit : il n'y aurait jamais eu de Mano sans Manu, mais Manu n'est pas la Mano pour autant. Même si personne ne peut nier son talent à canaliser les énergies des gens pour en tirer le meilleur, Manu n'ignore pas qu'une créativité s'épuise d'être trop étouffée. Il sait écouter, laisser chacun s'exprimer, proposer – tout en se réservant le dernier mot. Un groupe peut-il fonctionner sans leader ? Sans un « final cut », lorsque les avis divergent ? Manu, depuis toujours, sait ce qu'il désire. Il est le chef d'« orchestre ». Aussi, à de parfaits techniciens risquant de lui prendre la tête, il préfère des musiciens moins professionnels avec lesquels il se sent de vraies affinités.

Certains interprètent cela comme de la manipulation, d'autres comme un flair remarquable.

Santi, en revanche, lui, ne les sent pas, ces Casse-Pieds. Il les trouve un peu trop approximatifs, même s'il apprécie leur humour. Mais Manu tient bon. Entre la famille Carayos-Hot Pants, frères et cousins de sang, et celle des Casse-Pieds, frères de cœur, la mayonnaise devrait prendre. Manu y croit dur comme fer et se veut rassurant : « *Faites-moi confiance, bossez, et je ne vous prendrai pas la tête.* »

Un soir, Manu et Daniel assistent à un concert des Têtes Raides. Sur scène, le tromboniste Pierrot Gauthé (ancien élève graphiste fan de Magma), futur Kropol de la Mano Negra, accumule les exploits sportifs aussi bien que les prouesses techniques : il court partout, descend dans la salle, joue un thème superbe, enchaîne avec quelques barrissements, remonte sur scène... Manu et Daniel échangent un regard complice. Non seulement la Mano veut les meilleurs et les plus délirants, mais il lui manque un trombone. À la fin du concert, les deux compères vont féliciter Pierrot et en profitent pour le débaucher. Tant pis pour les Têtes Raides !

Une fois la Mano Negra officialisée, la spirale semble vertigineuse. Certains s'étonnent... mais tout va très vite. Au bout de quelques mois, la Mano, qui joue au Palace, est repérée par Thierry Ardisson, et invitée par Antoine de Caunes, qui leur offre ainsi leur premier plateau télé... Vu de l'extérieur, ce succès paraît fulgurant. Mais les membres de la Mano haussent les épaules : dix ans qu'ils tournent dans leur camion, à se partager mille balles à six ou huit ! Qu'ils passent leur temps, leurs nuits, leurs week-ends, l'essentiel de leur vie à jouer. Ça démarre trop vite ? Eh bien, accrochez-vous parce que ce n'est que le début. Certains, dans le groupe – ce sera d'ailleurs un point de conflit, plus tard –, commencent déjà à penser, voire à clamer, qu'ils pourraient bien devenir « *le plus grand groupe du mooonde* »...

Chapitre 7

L'empreinte de la Main noire

Pas terrible, le dimanche après-midi pour un concert... À Bruxelles, en plus, une ville qu'ils ne connaissent pas bien. Les huit compères de la Mano partent plutôt perdants, ce jour-là. Même la balance, un de leurs moments favoris, était un peu pourrie. Mais bon. Faut y aller, on y va. Et c'est le miracle. La grâce. *El duende* : ce mot espagnol qui désigne, comme aucun autre, l'émotion particulière, voire la transe d'un artiste durant un spectacle. Oh, bien sûr, régulièrement, deux, trois ou cinq musiciens de la Mano l'avaient déjà éprouvé, ce *duende*. Mais jamais les huit à la fois, comme ce dimanche, à L'Ancienne Belgique, une salle de taille moyenne, en plein cœur de la capitale du Plat Pays. Le spectacle s'ouvre, comme à l'accoutumée, sur le vibrant morceau « Mano Negra ». Dès les premières notes, Santi a le regard comme égaré, ses baguettes lui filent presque des mains, pendant que Manu semble halluciné, débordant d'une énergie inquiétante. Il arpente la scène, le front barré d'un foulard, le torse nu, le visage rageur, chante, saute, se jette dans la foule... Et chacun explose, comme s'il n'y avait plus ce soir-là aucune limite à l'improvisation. Tous, pourtant, restent à l'écoute des autres. À ce moment-là, ils le savent, ils frisent la perfection, avec la conscience de vivre un instant unique, qui ne se reproduira peut-être jamais. Avec la certitude que ces deux heures de transe, que cette fusion exceptionnelle avec le public constituent la raison même pour laquelle ils ont toujours voulu être musiciens. Quinze ans plus tard, tous se souviendront encore de ce concert absolument magique, de cette nuit belge où ils sont devenus la Mano Negra.

La Mano est une bande de frangins qui vivent plus que moins ensemble. Entre eux, la communication est rapide, fluide. Très vite, le groupe s'est mis d'accord sur un mode de fonctionnement collectif. Les décisions se votent à main levée. Elles incluent aussi le tourneur et le sonorisateur puis, plus tard, le manager. Un syndicat virtuel existe aussi : il s'appelle Force Rouge et les plus vigilants, Tonio, Jo et Kropol, forment une véritable force d'opposition. L'esprit de groupe fonctionne parce que les personnalités s'équilibrent. Les huit s'affublent des surnoms le plus moqueurs possible, qui apparaissent comme tels dans les crédits des albums (sauf dans le dernier où chacun retrouvera son identité). Roger Cageot pour Daniel ; Tonio del Borgno pour Antoine ; El Águila, l'aigle, pour l'homme d'affaires Santi ; Helmut Krumars pour Tom. Pierrot, soupçonné d'être un extraterrestre débarqué de sa planète, la Kropolie – à cause de son langage parfois incompréhensible –, devient Kropol. Jo, comique à la vocation inexploitée, est le seul à ne pas avoir de diminutif. Philippe est surnommé Garbancito, pois chiche. Manu, alias Oscar Tramor, génère et fédère tout ce beau monde, mais n'a pas une place prépondérante. Pour l'instant...

Leur quotidien est fait de répétitions, balances, concerts... Pendant les trajets, ils écoutent des cassettes, découvrent de nouvelles musiques, improvisent, une guitare est toujours à portée de main. Mais, surtout, ils profitent de ces déplacements pour se repasser en boucle le concert de la veille (un peu comme les joueurs de foot visionnent leur match) et faire tous les ajustements qui s'imposent : rayer un titre du répertoire, changer l'ordre des rappels. Et tous sont extrêmement motivés. À l'instar de Manu, Philippe s'était donné une limite d'âge pour percer. Tom se remet de son échec précédent, Daniel vit son rêve d'enfant, Antoine néglige les sciences... Ils sont concentrés sur la Mano. Manu, qui exigeait d'avoir des musiciens to-ta-le-ment disponibles, a toutes les raisons d'être satisfait. Même Santi qui, pourtant, gravit les échelons de l'entreprise où il travaille, gère sa double vie sans rater trop de répétitions ni de concerts. Diplômé d'une école de commerce, il n'envisage pas le grand saut que Manu a osé faire. Devenir musicien sans filet, non.

La période est au beau fixe : les concerts se multiplient. Los Carayos a bien préparé le terrain. La Mano arrive comme sur du velours. Les conditions de voyage restent précaires. Les huit musiciens se relaient pour conduire le petit bus qui les transporte, dorment dans des sacs de couchage ou des hôtels bon marché. Mais malgré cette absence de confort, l'ambiance est bon enfant. Les membres de la Mano Negra ont tous été élevés à la dure, à l'école d'un rock « indé » où l'on a l'habitude de se débrouiller avec les moyens du bord. La vie leur appartient et elle ressemble à ce qu'ils souhaitent. Et puis, il y a tant de rencontres, tant de nuits à faire la fête après les concerts, et puis la fête après la fête... À Saint-Étienne, Philippe tombe amoureux d'une spectatrice qui deviendra la femme de sa vie.

À Nîmes, un jour, la Mano fait la connaissance d'une étrange compagnie de théâtre de rue fondée en 1980 et installée à Nantes, Royal de Luxe. Cette troupe pas comme les autres est constituée d'une bande d'allumés qui font tout à la fois : techniciens, forgerons, soudeurs et acteurs, ils construisent leurs propres décors, confectionnent leurs costumes. Le spectacle qu'ils sont alors en train de préparer, *La Véritable Histoire de France*, est une totale folie. Le décor, en forme de grand livre d'où jaillissent les acteurs, page après page, pèse près de dix tonnes et mobilise vingt personnes pour l'actionner... Leur travail dépasse tellement l'imagination qu'il est quasiment indescriptible pour ceux qui ne l'ont pas vu. « *Ils m'ont appris à rêver fort* », dit simplement Manu à propos de Royal de Luxe. Entre deux tournées de bière, Royal de Luxe évoque un projet fou qui leur tient à cœur... S'embarquer pour l'Amérique du Sud sur un immense bateau et faire des haltes-spectacles dans divers pays. Le regard de Manu s'évade... L'Amérique du Sud... Ils sont génialement marteaux, ces mecs...

Voilà presque un an que l'album *Patchanka* poursuit son bonhomme de chemin. Il s'est déjà vendu à plusieurs milliers d'exemplaires. N'est-ce pas le moment de prendre un tourneur ? C'est alors qu'entre en scène Bernard Batzen. L'homme connaît bien le mouvement alternatif. Natif de Bordeaux, Bernard Batzen a ouvert, en 1976, avec une bande de copains, une librairie coopérative avant de monter à Paris et de devenir programmateur du Printemps de Bourges. Depuis, il passe ses soirées à dénicher de nouveaux groupes de rock à l'avenir prometteur. Dès la découverte du premier album de la Mano Negra, il veut les programmer. Manu accepte, puis se rétracte, parce que ses musiciens ne sont pas disponibles ou pas prêts. C'est donc comme accompagnateur des Casse-Pieds que Manu ira à Bourges, pour la première fois. Dans le mouvement alternatif, Batzen retrouve la même effervescence qu'il avait déjà observée au moment de l'émergence du reggae, du rap... Chargé de programmation au Mars, le marché des arts de la scène, il pense à nouveau à la Mano Negra pour un concert au New Morning. Quelques jours plus tard, Manu lui propose de devenir leur manager. On est en octobre 1988, Bernard Batzen a monté sa propre société à peine un mois plus tôt. Dans la foulée, la Mano Negra fait son premier Zénith, à Paris.

L'alliance entre Batzen et le groupe précède de peu leur signature, historique, avec Virgin. L'homme a explicitement le cœur à gauche mais place professionnalisme et éthique à égalité. Très vite, une entente s'instaure. Il est exigeant, la Mano l'est aussi. La demande des huit musiciens est claire : un max de concerts. Batzen s'exécute en souriant, en pensant dans son for intérieur qu'ils vont être servis ! Bien introduit dans le réseau associatif, il tient vite parole. Aujourd'hui encore, dans les locaux d'Azimut, sa société de production où trônent, sur les murs, les disques d'or et de platine de la Mano Negra, Batzen se souvient qu'il suffisait à l'époque de faire passer le groupe sur scène pour que les contrats pleuvent... Le manager a juste l'impression de gérer un talent dont, dit-il encore dix ans plus tard, il n'a jamais retrouvé d'équivalent. Rapidement, un vrai rapport de confiance s'établit entre Batzen et la bande. Il ne sera jamais démenti. En produisant la Mano Negra, François Hadji-Lazaro avait permis au groupe d'émerger. En la manageant, Batzen lui permet de se construire. Car ces musiciens aux allures de chiens fous ont encore bien besoin de « mûrir ». La tâche de Batzen est lourde. Il faut déjà commencer par les convaincre de s'inscrire à l'ANPE, puisqu'en France un musicien n'est considéré professionnel que s'il devient intermittent du spectacle. Puis veiller à leur fournir les meilleures conditions possibles de travail, lors des concerts, et ne plus jamais accepter d'être payés au noir. De négocier avec des maisons de disques pour donner au groupe la possibilité de dépasser les frontières de l'Hexagone. Enfin, Batzen conseille au groupe de monter sa propre société. De fait, Patchanka se créera cette même année 1988, à parts égales entre tous les actionnaires.

Depuis quelque temps, et surtout depuis que Batzen veille sur leur destinée, le téléphone sonne beaucoup. Et les majors compagnies s'intéressent à la Mano. Toutes proposent beaucoup d'argent pour récupérer ce groupe potentiellement intéressant. Virgin n'est pas la plus généreuse mais offre plus de marge de manœuvre. Entre-temps, la presse s'est réveillée, réalisant enfin l'ampleur du mouvement alternatif : *Rock & Folk* a consacré sa une aux Bérurier Noir qui, le 3 mars 1988, organisent un concert « historique » au Zénith. Et les journalistes parlent de plus en plus de l'énergie impressionnante d'une certaine Mano Negra... Manu hésite. Le groupe est en train de prendre des proportions que Boucheries Productions ne peut plus assumer. Il faut passer à la vitesse supérieure, arrêter le bricolage (il n'est pas rare que les musiciens soient obligés d'acheter leur propre album pour une promo, lors d'une émission de radio...) et commencer à penser à un avenir plus international que national. Le producteur Hadji-Lazaro en est de plus en plus persuadé. Il a vite réalisé que le succès de *Patchanka*, espéré mais inattendu, allait dépasser la frontière hexagonale et que, malgré tous ses efforts, Boucheries Productions ne pourrait pas suivre, côté technique, logistique et financier.

La décision ne se prend pas du jour au lendemain. Elle pose une question de fond : que va devenir le mouvement alternatif si les majors prennent la main ? Certains membres de la Mano ont des scrupules vis-à-vis de François Hadji-Lazaro. D'autres craignent aussi de se faire menotter par Big Brother. Peut-on rester intègre face à des requins ? Une fois de plus, Bernard Batzen joue les sages. Autour d'un plat de pâtes, chez les parents de Manu, il donne un cours à la bande. Il leur épluche le contrat, traduit, explique... L'enjeu principal consiste à négocier sa liberté plus que son argent. De l'argent, il y en aura, c'est sûr, mais la Mano Negra souhaite farouchement garder son indépendance. Virgin semble être la maison de disques qui correspond le mieux à leurs exigences. À plusieurs reprises, Manu et Santi se rendent dans les bureaux de la place des Vosges, où ils adoptent la bonne vieille tactique du gentil et du méchant. Santi mène bien l'affaire. Sourcils légèrement froncés, il écoute attentivement ses interlocuteurs qui parlent de plan de promo pour un prochain album, et hoche la tête pour répondre à la manière de Zebda : « *Je crois que ça va pas être possible...* » Mais Fabrice Nataf, alors responsable chez Virgin, s'intéresse particulièrement à la Mano. Personnage très fin (et plein de flair), l'ancien manager d'Étienne Daho a lui-même été de l'autre côté de la barrière, en négociations avec des maisons de disques, et comprend donc très bien les exigences de Manu et de sa bande. Le contrat de la Mano Negra est assez exceptionnel. Sur certains points, il lui accorde un contrôle artistique qu'aucun artiste n'a encore obtenu. Par exemple, le groupe ne veut pas de producteur : il n'en aura pas. D'autre part, Virgin n'aura rien à dire sur les titres de l'album et n'interviendra même pas sur le choix du single destiné aux radios. Une clause de concertation existe, bien sûr, mais le dernier mot reviendra au groupe, notamment en matière de marketing, affiches et promo (qui se fera essentiellement par clips). En fait, c'est une toute petite mention placée à la fin de chaque paragraphe du contrat qui garantit au groupe toute sa liberté : « *Avec accord de l'artiste* »...

Comme d'habitude dans le clan Mano Negra, la décision se fait au vote. Tout le groupe ne partage pas les mêmes positions... À une voix près, une majorité se dégage pour la signature. À une voix près seulement, l'histoire du mouvement alternatif vient d'être bouleversée... On est en 1989.

Le débat est assez étrange : il y a, bien sûr, ceux qui sont radicalement contre (Jo et Tonio, entre autres), et ceux qui sont radicalement pour (Santi ou Manu). Et puis, plus insolite, les pour mais qui votent contre, tout en sachant que le pour l'emportera. C'est le cas de Tom ou de Philippe qui, par solidarité envers Hadji-Lazaro ou par esprit de rébellion, traînent un peu les pieds, même de façon symbolique. Du coup, le jour de la signature, certains vont au rendez-vous à reculons, avec l'impression de passer un pacte avec le diable. En éternels galopins, ceux-là écriront un ou deux commentaires de leur cru sur le contrat, au bas de leur nom. Ce jour-là, dix signatures officialisent l'événement le plus polémique du mouvement alternatif. Et pour la première fois, une maison de disques voit un chauffeur et un sonorisateur apposer leur nom en bas d'un contrat, au même titre que des musiciens. La Mano n'en fait qu'à sa tête. Virgin va vite le découvrir.

Chapitre 8

Fièvre de pute

Tous hurlent au lynchage. La Souris Déglinguée parle de « vendus », les Bérurier Noir traitent Manu et ses « requins de studio » de « pourris ». D'autres crient aux traîtres, aux renégats. Certains membres de la Mano se sentent peu concernés. Et Santi résume : « *On n'a jamais voulu être hors du système. C'est le système qui ne voulait pas de nous. Et quand on a pu être dedans, on a été où on voulait être. Mais faire sa propre télé, comme le souhaitaient à un moment les Bérurier Noir, ça n'a pas de sens. Il faut prendre des partenaires dans un cadre établi, qui dispose de moyens et que tu contrôles au mieux.* »

Les ex-Casse-Pieds se sentent assez peu visés : trahir, eux, mais qui ? Ils n'avaient rien promis à personne, personne ne leur avait rien promis. Manu le rebelle, Manu le rocker de *barrio*, est un peu troublé d'être pris soudain pour un renégat. D'autant que la Mano Negra ne compte pas s'écarter pour autant de la ligne politique qu'elle s'est fixée : prix des places de concerts bon marché, disques à quinze euros, sélection des municipalités qui les accueilleront... Son frère, l'influent Antoine, le sage de la bande, éprouve quant à lui une certaine méfiance, même si Virgin lui apparaît comme le choix « le moins pire » et que le contrat garantit une autonomie à peu près totale.

En cette fin de décennie, le mouvement alternatif traverse une grave crise de croissance. L'heure n'est plus aux utopies. Certains rêves ont vécu. Une semaine après la Mano Negra, les Négresses Vertes signent à leur tour un contrat. Une brèche vient de s'ouvrir, des dizaines de groupes s'y engouffreront. Face à cette hémorragie, les Bérurier Noir, très courtisés par les maisons de disques, choisissent une solution plus sanglante encore : se faire hara-kiri lors de trois légendaires concerts à l'Olympia, les 9, 10 et 11 novembre 1989, devant une foule chauffée à blanc et scandant « *La jeunesse emmerde le Front national* », un de leurs plus sûrs slogans (l'événement sera immortalisé par un film de François Bergeron).

Face à cette débandade, les major compagnies peuvent s'estimer ravies. Non seulement elles ont récupéré de bons groupes mais aussi d'excellentes idées, à commencer par une manière de travailler inédite qu'elles adapteront à leur logique commerciale. Ainsi, petit à petit on verra apparaître de « vrais faux petits labels » gérés par les maisons mères.

À l'annonce de la signature du contrat de la Mano Negra, les extrémistes de l'alternatif n'y vont pas de main morte et hurlent au scandale. « *La Mano, c'est des putes.* » Des putes... L'insulte ne va pas tomber dans l'oreille d'un sourd. Et la réponse sera cinglante. Le deuxième album que la Mano Negra enregistrera au studio Marcadet, en avril 1989, s'appellera *Puta's Fever*. Fièvre de pute.

Sur ces deux mots, si l'un reflète parfaitement ce disque, c'est bien celui de fièvre. Fiévreux, en effet, ce petit diamant noir de moins de quarante minutes qui sortira cinq mois plus tard. « *Une jubilation contagieuse* », écrit alors *Les Inrocks*[1], soulignant cependant les lacunes du chanteur. *Le Monde*[2] reste également mitigé, malgré un réel engouement pour le groupe sur scène : « *[...]* Puta's Fever *n'est pas le grand disque que le groupe a quelque part en réserve. C'est seulement une seconde réussite.* »

Alors que l'album précédent, *Patchanka*, avait coûté plus de 9 000 euros, celui-ci a coûté quatre fois moins, sans que l'on puisse pour autant y déceler le moindre compromis, ni la moindre perte d'énergie ! *Puta's Fever* montre à quel point les Bibi Fricotin de la Mano Negra s'amusent vrai-

1. *Les Inrockuptibles*, octobre-novembre 1989.
2. *Le Monde*, 23 novembre 1989.

ment beaucoup. Le chœur de « Rebel Spell », genre chorale de scouts virant au punk, ou les voix très dessin animé de « Rock'n'Roll Band » sont des signes de la bonne humeur du groupe. Mais ce qui frappe le plus, c'est l'immense tourbillon que provoquent désormais les métissages musicaux de la Mano Negra. Rap et reggae, rock, raï, soul music, samba, le tout haché menu, fondu parfois dans un même titre (« King Kong Five » démarre rap pour finir reggae), donnant à la musique de la Mano des couleurs toujours plus chaudes, toujours plus crues. L'album a beau être majoritairement signé par Manu Chao, il est le résultat d'un travail de groupe, le mixage respectant l'équilibre entre les diverses parties de guitares, de claviers, de percussions et de cuivres. Durant l'enregistrement de l'album, chaque morceau a été testé de plusieurs manières, minimaliste ou au contraire volontairement surchargée, avant que la version la plus efficace ne soit sélectionnée. La complicité qui règne en studio a décomplexé les uns et les autres : sur l'insistance de Tom et de la bande, Manu enregistre sur *Puta's Fever* « Pas assez de toi », chanson d'amour qu'il jugeait « trop perso » : « *[...] j'ai comme envie de crever ton chat / Comme envie de tout casser chez toi / Je peux très bien me / Pas assez de toi.* » Par pudeur, Philippe n'aurait jamais imaginé porter sur scène « Sidi H'bibi », classique oriental emprunté à sa mémoire familiale. Manu adorera cette chanson qui finira, d'ailleurs, au Top 50. Clou des futurs concerts de la Mano, le titre sera censuré lors de la guerre du Golfe.

Mais ce que l'album *Puta's Fever* affirme avec le plus de force, c'est la direction vers laquelle la Mano Negra se dirige désormais. Pour Manu, l'Eldorado n'est pas en Amérique, sauf si celle-ci est au sud.

Entre l'enregistrement du disque et sa sortie commerciale, le groupe vit justement une de ses plus fortes expériences depuis sa création. En juin 1989, la Mano part pour la première fois de sa vie en tournée au Pérou et en Équateur. Pour Manu et Tonio, bercés depuis l'enfance par la culture latino-américaine, l'émotion est intense. Se retrouver parmi ceux qu'ils considèrent comme leurs frères parce qu'ils partagent la même langue, les mêmes idéaux, cette chaleur si proche de celle de leur Espagne d'origine, a quelque chose de bouleversant. Aucun membre de la Mano n'est près d'oublier cette première fête de la Musique, sur la place de la vieille ville de Quito, en Équateur. Face à cette bande de punk-rockers venus d'ailleurs, la population paysanne semblait méfiante. Les femmes avaient pourtant apporté des gâteaux. Puis les visages s'étaient éclairés de larges sourires, les têtes se balançaient discrètement et, autour, les enfants jouaient, couraient, dansaient. Défenseurs des minorités, rebelles à la toute-puissance « yankee », ils jouaient enfin en Amérique latine, eux... Dans « Peligro », (« Dangereux »), Manu a largement abordé ce thème. D'une voix triste et sensuelle qu'on lui connaissait peu, soutenue par un clavier omniprésent et des cuivres dignes de la section rythmique d'Otis Redding, il désigne la CIA comme la gangrène de ce continent. Les paroles, comme souvent chez lui, ont la même simplicité que les textes de reggae : « *Fais attention dans le quartier [...] le soir, où que tu sois / Ils sont en train de te chercher, ils sont en train de comploter / Dangereux sont les quartiers Guatemala [...] du Nicaragua.* »

Leur grand-père Tomás, l'antifasciste, sera si fier de leurs récits, au retour de ce voyage...

Chapitre 9

Sur la route

Puta's Fever cartonne : en 1989, le deuxième album de la Mano se vend à 350 000 exemplaires. Et ensuite ? Ensuite, on pourrait résumer l'ascension de la Mano Negra en disant simplement qu'avant *Puta's Fever* les huit musiciens étaient heureux, et qu'après ce bonheur devient leur quotidien. Désormais leur vie d'artiste est en phase avec leur vision du monde. On attend la Mano au tournant ? Elle est déjà bien loin devant... Émergeant du mouvement alternatif, elle en garde sa grande part d'idéologie. Et la met en pratique. La clause sur leur droit de regard (prix des places, consommations, choix de promo, refus d'interviews et surtout des *prime time* chez Drucker) est respectée. Le groupe impose même son propre service d'ordre, Baffalo, dont Manu apprécie la mentalité : rigueur et calme et jamais de violence. Les grandes scènes alternent toujours avec celles de squats ou d'associations. Leur manager, Batzen, rit dans sa barbe : ah, ils voulaient des concerts ? La tournée qui suit la sortie de l'album leur en donne plus que de raison. Six à dix par mois. Puis une douzaine. Puis une vingtaine. Enfin, jusqu'à trois cents par an. En mars 1990 commence la tournée Pigalle. Le concept est à l'image de la pochette de *Puta's Fever*, conçue par Tom Darnal, et représentant deux superbes gonzesses, lolos pointés et ceinture perlée autour du ventre. Outre La Cigale et l'Élysée Montmartre, Batzen a négocié dur avec les patrons de boîtes de strip-tease de Pigalle, quartier populaire, insoumis, hétéroclite comme leur musique, pour que le groupe puisse jouer dans ces endroits chauds. Les concerts, comme les *after shows* qui durent jusqu'au bout de la nuit dans les cafés avoisinants, sont la plupart du temps délirants. Immortalisé par la caméra de François Bergeron dans le film *Tournée générale*, le visage de Manu apparaît, au petit matin, blême, défait, blafard, les yeux noyés de fatigue, de fumée, de musique. Mais face à l'objectif, le baladin trouve encore la force de chanter, en solo, et de dire en chansons que sa vie est exactement telle qu'il la désirait.

Durant les deux années qui suivent la sortie de *Puta's Fever*, les dates s'enchaînent. Certaines font désormais partie de leur légende, comme le concert de l'Olympia de novembre 1989. Comblé, Manu déborde d'émotion : « *À l'entrée, la main noire géante, comme dans mes rêves les plus fous, d'il y a deux ans. Qu'a-t-on donc fait pour mériter ça ? Même toutes ces années de galère, je trouve ça pas cher payé devant cette kolossale Mano dans la gueule de tous ceux qui n'ont jamais cru en nous*[1]. » Les conditions de travail ont changé mais pas leur méthode. Bus aménagé soufflant son air conditionné, trains, avions, hôtels confortables ont remplacé le petit camion d'hier et les sacs de couchage, mais les trajets continuent de servir d'exercices pratiques. En dehors des bœufs improvisés, la Mano Negra passe toujours beaucoup de temps à écouter la Mano Negra. Manu tient à ces plages de concentration qui, parfois, font office de répétitions. Il donne de nombreuses indications sur ce qui marche et sur ce qui ne marche pas. Les concerts de la veille sont ainsi révisés pour être, le soir même, revisités. Il est aussi directif dans ses conseils. T'as un air qui trotte dans la tête ? Prends ta gratte, joue-le tout de suite. D'expérience, Manu sait qu'une idée doit être aussitôt imprimée, quitte à la bégayer, la balbutier. Après, il est trop tard pour la retrouver. Cette règle d'or, qu'il applique depuis longtemps et transmet volontiers, lui servira toujours, et surtout en voyage.

Une heure et demie avant le concert, quand la salle se remplit, tout le groupe a le trac, spécialement Manu, qui sait exactement le poids qu'il porte à lui seul sur ses épau-

1. *Mano Negra*, Éd. Syros.

les. La scène est leur identité, toute la force de la Mano Negra réside sur les planches. Le groupe entre toujours ensemble. Manu salue le public, Daniel lance les premiers accords de guitare pour la chanson de ralliement « *Ma, ma, ma, ma, mano negra...* », et c'est parti. Les concerts sont intenses, mais contiennent également leur petite part de mise en scène bien huilée. Cou tendu et cordes vocales au bord de l'explosion, Manu, torse nu, se frappe le cœur avec le micro, tire les cheveux de son guitariste (qui apprécie moyennement), arpente la scène et slame... selon une scénagraphie parfaitement au point. Ou presque : un soir, au Japon, la foule se pousse en voyant Manu plonger sur elle... Résultat : une côte fêlée ! Bref, la Mano s'éclate !

Le groupe est en fait une tribu. Filer à trois sur un scooter, jugulaire du casque pendouillant comme les oreilles du chien Snoopy. Faire croire à la maison de disques que le prochain album s'appellera *Trois avocats pour dix francs*. Laisser Lulu, leur chien, dans la chambre d'hôtel de Manu alors que l'animal souffre d'une terrible diarrhée... Bouillonnante, colorée, éclatée, dévorante : la Mano est à l'image du graphisme de ses albums, conçu par Tom Darnal.

Jo fait souvent plier de rire les autres. Un jour, invitée de la fête de l'Huma, la Mano doit se rendre à la conférence de presse qu'organise le Parti communiste, à son siège de la place du Colonel-Fabien. À l'entrée, une brochette de hauts dignitaires, costumes et visages austères, accueillent les nouveaux arrivants : journalistes, artistes, programmateurs, managers... Jo débarque, se glisse dans le comité d'accueil, et se met à plagier le cérémonial : il serre la main aux invités, leur balance des formules de bienvenue au nom du Parti... sans que personne découvre la supercherie ou ose la dénoncer. Face à lui, Batzen parvient difficilement à retenir un fou rire.

Les tournées virent au marathon. La signature avec Virgin trouve toute sa justification dans les concerts organisés à l'étranger. Canada, Belgique, Japon où le groupe remporte un incroyable succès. Et puis, passage obligé, la Mano Negra met le cap vers les États-Unis, où le groupe joue en première partie d'Iggy Pop. Manu est ravi. Iggy fait partie des rock stars qui l'ont converti au punk, dix ans auparavant. Iggy est un mythe « *qui représente quinze années de ma vie* », dit Manu avec émotion. Mais la déception va être à la hauteur de l'attente : star intouchable, celui que l'on surnomme l'iguane dispose d'un staff redoutable qui n'aura de cesse, pendant un mois et demi, qu'il ne prenne la tête du groupe. Il suffit que Daniel gratte un morceau d'Iggy Pop pour qu'un responsable déboule et menace de virer le groupe. Quant aux balances réalisées par la Mano, elles se font souvent avec des basses ridicules, discrètement mises en sourdine par le staff de la star. Tom raconte qu'un soir, dans l'Ohio, un « sergent-chef » le désigne du doigt et se met à hurler : « *Hé, toi ! La prochaine fois que tu montes sur scène pour slamer, je te reprends ton backstage*. » La réaction ne se fait pas attendre : à peine l'Américain a-t-il fini sa phrase qu'il se reçoit douze badges en pleine tronche. Ce n'est pas l'Amérique qui va faire changer la Mano... Quant à Iggy, il incarne dans son comportement de star capricieuse tout ce que les huit musiciens ne veulent jamais être. Et, malgré une expérience plus heureuse à Austin, où la ville se rappellera longtemps leur passage, la conclusion de Manu semble irrévocable : « *Aux USA, ils ne savent pas bosser, tout le monde continue de les considérer comme référence alors que c'est de la merde. Ils ne veulent pas comprendre notre manière de travailler, tant pis pour eux.* »

Chapitre 10

Cargo pour le Venezuela

L'hiver est sacrément froid en Allemagne, en cette fin d'année 1990. La Mano Negra y enregistre *King of Bongo*. Le Conny's Studio est installé dans une ferme. À son habitude, Manu a voulu être seul pour le mixage. Bien sûr, il n'interdit pas l'entrée, vient qui veut, mais il décide seul... Le mixage, pour Manu, est une étape intime qui ne peut souffrir l'avis de huit personnes. Ce choix ne dérange guère Tonio ou Santi, mais davantage Tom ou Daniel, tous deux ayant des velléités artistiques.

« *More rock, more reggae, more punk, more boogie...* » Les paroles de la chanson « Furious Fiesta » pourraient résumer à elles seules l'ambiance de cet album qui sort en 1991. Avec un côté punk-rock où plane toujours l'ombre des Clash (« Letters To The Censors ») et quelques ritournelles de balloche (« Le Bruit du frigo », « Paris la nuit »), la Mano y poursuit son patchwork musical. Mais quand Manu chante « *more fun* », il ne dit pas la vérité : *King of Bongo* n'est pas du tout festif. Il a été conçu entre l'Amérique, lors de précédentes tournées du groupe, et la France, où la guerre du Golfe occupe tous les écrans de télé et les ondes de radio. Entre « Welcome in Occident », « Don't Want You No More » et « Paris la nuit », l'ambiance est sacrément morose : les Apaches sont en prison, l'Amérique jure par Bush (père) et McDonald's, et il n'y a pas une seule histoire de cœur qui soit heureuse... « King Of Bongo *est un disque normal [...] privé de tout ce qui fait le charme de la Mano Negra jusqu'au joyeux désordre de leurs deux albums* », regrette *Le Monde*[1]. Le disque se vend à 350 000 exemplaires. On y trouve déjà cette habitude qu'a Manu Chao de reprendre un même thème et de le décliner dans un autre genre musical. « King Of Bongo », interprété ici sur un rythme de danse tribale, saccadé et caverneux, sera rebaptisé « Bongo Bong » dans *Clandestino*, un peu moins de dix ans plus tard, dans un style plus enjoué et léger, débarrassé des tambours. De même, « Paris la nuit », valse conviviale, n'est que la reprise du rock effréné « Ronde de nuit », paru dans leur premier album. Mais Manu est alors loin d'imaginer une carrière solo à la *Clandestino*. Au contraire, il déclare même avec insistance que « *la chose la plus importante, c'est que nous soyons contents de notre travail et que la Mano soit toujours et avant tout un groupe d'amis* ».

En deux ans, entre 1989 et 1991, la Mano Negra est devenue le premier groupe rock français. Mais des restes d'innocence sont en train de se perdre. Tous ne vivent pas de la même manière ce phénoménal succès. Santi suit volontiers le mouvement. En somme, il est un des plus comblés et tire tout le bénéfice de son nouvel emploi de gestionnaire de la société Patchanka qui lui permet, d'une part, de mettre à profit son diplôme de commerce et, d'autre part, de jouir d'une expérience de terrain inespérée dans le milieu musical. Longtemps, personne ne s'en plaindra : Santi sait faire tourner la boutique et fructifier les bénéfices tout en restant un excellent batteur. N'est-il pas un de ceux, dans la bande, qui veut que la Mano devienne le-plus-grand-groupe-du-mooonde ?...

Pour les Casse-Pieds, le succès fulgurant de la Mano relève encore du miracle. Musiciens de métro, les voilà désormais entre deux contrats, deux avions, riches... Tonio et Jo, eux, restent vigilants et observent avec inquiétude tous les petits symptômes qui, ajoutés les uns aux autres, sont peut-être en train de gangrener l'histoire initiale... Certains cèdent parfois à de petits caprices de star. Manu, lui, est attentif à tout le monde, et discret en public. C'est d'une

1. *Le Monde*, 25 avril 1991.

autre façon, semble-t-il, que le succès l'atteint : il est de plus en plus sûr de lui et écoute de moins en moins les autres. Tout va si vite, presque trop vite. Les vies de famille en prennent un sacré coup, alors que certains sont devenus de jeunes pères... Or, Manu est formel sur ce point : pas de compagnes en tournée ou en voyage, sauf à de rares exceptions. Lui-même ignore ce que signifie une vie privée. Lié à Anouk, malgré le yo-yo passionnel qui définit leurs rapports, il ne semble exister que pour et par la musique. Pas question de tout mélanger : lorsque Anouk vient enregistrer des chœurs pour la Mano Negra, c'est que le groupe n'est pas là !

Dans la stratégie de ses choix géographiques, Batzen respecte la ligne du groupe : *Puta's Fever* avait eu son Pigalle, *King Of Bongo* fera l'extérieur des périphériques, la Petite Couronne. En avril 1991, à Nanterre, la Mano Negra entame le premier spectacle d'un tour des banlieues, en collaboration avec La Caravane. Ce groupe d'associations, initié à Mantes-la-Jolie, organise une semaine de festivités. Les concerts s'inscrivent parmi d'autres spectacles de rue, un mélange de genres qu'affectionne Manu. « *J'aime les fêtes, la danse, les endroits conviviaux. Ces choses-là n'existent plus dans les concerts rock : tu entres, tu entends, tu sors.* » Épousant leur cause, Manu Chao restera fidèle à la Caravane tout au long de sa carrière et les intégrera, dès qu'il le pourra, à de nouveaux projets. Il encouragera aussi l'exportation de cette initiative au-delà des frontières, comme en Irlande ou en Espagne. Par engagement – mais un engagement à échelle de quartier – et aussi en hommage à son ami Walli, infatigable militant de la périphérie que le sida a emporté (Manu, très affecté par sa disparition, trouvera d'ailleurs le temps de se rendre sur sa tombe, en Algérie).

Pour Noël, en décembre 1991, sort *Amerika Perdida*. Cette compilation réunit les morceaux latins du groupe (cinq de *Patchanka*, neuf de *Puta's Fever*), et contient une chanson inédite, du nom de l'album, énumérant chaque pays de cette antique Amérique perdue. Le disque marche, même si les ventes n'atteignent que la moitié de celles de *King Of Bongo*. Les fans sont contents, la maison de disques aussi... À cette même époque, Manu collabore au second album (*Gure Jarrera*) de ses amis basques du groupe historique Negu Gorriak, Hiver Rouge. Il prête sa voix à la chanson « Gorria Herria » (*Vive le peuple*). Negu Gorriak force l'admiration du chanteur : il fonctionne totalement – et très bien – en autoproduction, avec une parfaite cohérence entre discours et pratique.

Fin 1991, la Mano Negra repart en tournée : banlieue, étranger à nouveau, Mexique, Japon, Italie. Le marathon va durer jusqu'en février 1992. Mais la Mano Negra est fatiguée... Tient-elle parce qu'elle sait qu'elle va bientôt lâcher ? Le mois suivant, en mars 1992, le groupe part enfin en Amérique du Sud pour six mois. Plus que jamais, Manu veut vivre la musique de façon interventionniste. Cette décision attire les foudres de son entourage professionnel : partir si longtemps quand on est en pleine promo d'un disque et en pleine ascension, c'est du suicide ! Oubliés, vous serez oubliés ! Alors que la gloire est là, à portée de Mano... Bernard Batzen est déçu et prend la décision de les quitter. Mais il comprend les aspirations de ce groupe et, d'expérience, sent que ce départ est aussi une fuite face au succès qui lui tombe dessus. Manu, lui, se fout de toute mise en garde. Il part, il le sent, c'est tout. Comment passer à côté de cette incroyable aventure que lui offrent les océans ? Calcul ou instinct ? Il pressent également les retombées médiatiques de ce projet.

Depuis maintenant bien longtemps, Manu Chao rêve de travailler avec Royal de Luxe, dont l'exceptionnelle énergie « *fait passer n'importe quel groupe de rock pour des garçons coiffeurs* » et dont la créativité le fait presque pâlir de jalousie. Il a enfin vu leur spectacle à la Feria de Nîmes. « *De tous les gens, artistes, groupes que nous avons rencontrés au long de nos tournées, ce sont ceux dont je me sens le plus proche et peut-être le plus envieux* », confie-t-il. La troupe a acheté un cargo abandonné et le retape depuis trois mois pour faire le tour de l'Amérique du Sud. Chaque fois qu'ils le pouvaient, les membres de la Mano se rendaient à Nantes pour donner un coup de main : construire les décors d'une rue de Paris à l'ancienne à l'intérieur du cargo, monter un théâtre roulant, fabriquer des lance-flammes, motoriser des engins destinés à la casse et en faire des machines de guerre napoléoniennes...

Dénonçant la célébration du 500e anniversaire de la découverte des Amériques, le cargo *Melquiades-Ville-de-Nantes* quitte le port de Nantes, au début du mois de mars 1992, financé par des sponsors privés aussi bien que par des fonds publics. À bord du vaisseau cohabitent la troupe du Royal de Luxe, les metteurs en scène Philippe Decouflé et Philippe Genty, la Mano Negra ainsi que de nombreux jeunes artistes et formations musicales. Lors des haltes dans les dix-sept grands ports de la côte atlantique où le cargo va mouiller, tous ces comédiens et musiciens donnent des spectacles gratuits sur les places publiques. Cette folle aventure va durer quatre mois et demi. Mais elle va sceller la séparation de la Mano. Durant Cargo 92, les conflits jusqu'alors latents s'accumulent pour éclater, dès le retour...

La chaleur est torride, cet après-midi-là, à Caracas. Sur la grande avenue de la capitale vénézuélienne, l'interminable parade du Royal de Luxe déroule des siècles d'histoire de France. Centurions romains et Gaulois invincibles, cour de Louis XIV, révolutionnaires, grognards napoléoniens, poilus de la Première Guerre mondiale... « *Presque du Abel Gance* », juge Manu, baba devant leur travail. Transpirant sous leurs costumes en laine de soldats de 1914-1918 ou de comiques troupiers, la Mano ferme le cortège. Une centaine de figurants ont été embauchés sur place. Deux canons tirent une multitude de lettres d'amour, récoltées depuis des mois, sur la foule médusée. Une montgolfière s'élève enfin et surplombe ce spectacle haut en couleur, qui se termine par des feux d'artifice... Le Royal de Luxe fabrique purement et simplement du rêve.

Le soir, la Mano Negra donne des concerts sur le cargo. Mais, que ce soit au Venezuela, en Colombie, au Mexique, à Cuba, au Brésil ou en Argentine, les musiciens, fidèles à leur légendaire autonomie, s'écartent du voyage un peu trop organisé pour se rapprocher des gens, des anonymes, pour leur parler, les écouter, et bien sûr leur jouer de la musique : ce réflexe est viscéral chez la Mano Negra. Il est largement encouragé par un Manu pour qui ces escapades constituent de véritables bouffées d'oxygène. Aujourd'hui plus que jamais, Manu Chao superstar a gardé ses bonnes habitudes. Dans chaque pays, il aime à se rendre dans des *barrios* (quartiers) pour donner des concerts improvisés, sauvages, généreux. Contrairement aux autres artistes du Cargo, le groupe se contente dans ces cas-là d'un matériel léger : quelques instruments, un ampli... et en avant la musique...

On pourrait multiplier les images de ce voyage riche en moments forts. À Caracas, Manu s'endort dans un camion, loin du Hilton, après avoir longuement écouté un jeune d'un *barrio* lui conter des histoires de lune. Ces mômes de vingt ans, chefs de quartier de six rues maximum, lui ont donné quelques heures plus tôt leur accord pour un concert improvisé dans leur secteur et ont contrôlé la situation. Le même scénario se répétera à Rio, dans la plus grande favela d'Amérique du Sud, là où les caïds sont plus durs encore. À Saint-Domingue, un jour de 1er mai, certains membres du groupe sont témoins d'un crime dans une station-service : un type plante son couteau dans le ventre d'un autre et décampe en mobylette... Au Brésil, le groupe apporte son soutien aux opposants de la Conférence internationale de Rio sur l'environnement, Eco 92. Le président américain y est attendu. « *George Bush [père] est de la merde de poulet* », chante Manu, en guise d'accueil, aux côtés de Jello Biafra, célèbre leader du groupe américain Dead Kennedy's. En Argentine, Tom, furieux d'être piégé dans une émission de variétés à Buenos Aires, casse en direct le matériel du studio télé en hurlant : « *C'est de la meeerde ! Vive l'anarchie !* » Fidel Nadal, remarquable rappeur du groupe Todos Tus Muertos, viendra les féliciter le lendemain à leur hôtel.

Durant tout le voyage, le micro de Fred Gremeaux, l'ingénieur du son qui accompagne François Bergeron, reste sans cesse branché, traquant chaque bout de conversation, d'émission de radio locale, de consigne donnée pour le déballage des caisses du cargo, enregistrant les rires d'enfants, les engueulades. Les concerts aussi...

Encore aujourd'hui, dix ans après, le constat est le même pour chaque membre de la Mano : ce voyage, absolument exceptionnel, reste l'un des événements les plus marquants de leur vie. Personne n'en est revenu indemne. Dans le groupe, certains râlent doucement. Les mauvaises langues murmurent que Manu était meilleur pour discuter avec les journalistes que pour assumer certaines corvées... Manu, lui, sait qu'il reviendra très bientôt en Amérique du Sud. Que ce continent, c'est sa boîte à idées.

Chapitre 11

Night train

Au retour de Cargo 92, la Mano Negra vit ses premières désertions. Tonio et Jo, les plus puristes sans doute, quittent le groupe, en janvier 1993. Jo intègre les Wampas où il est, aujourd'hui, un « *musicien heureux* ». Tout au long du voyage, Tonio s'est senti plus proche des soutiers au fond des cales du Cargo que des rockers de son groupe. Il n'a plus l'impression d'être en phase. Les ego s'hypertrophient, les plombs pètent, le sentiment de toute-puissance éprouvé sur scène contamine le quotidien, les réalités s'éloignent de leurs principes... et, paradoxalement, la presse parle de plus en plus de la Mano Negra comme de musiciens super-engagés. Le décalage pèse. Après une collaboration technique à Royal de Luxe, Tonio va intégrer Radio Latina, grimper les échelons et finir par monter son propre réseau de radios libres, Fréquences plurielles. Son départ déséquilibre le groupe. Le frère de Manu était en effet l'élément modérateur de la bande.

Daniel Jamet part pour d'autres raisons : il supporte de moins en moins que Manu le bride, se rappelle que lui aussi était leader de groupe... Et puis un événement, cette même semaine de début janvier 1993, sert de déclencheur à une décision qu'il mûrit depuis plusieurs mois. Elno, le chanteur des Négresses Vertes, également en pleine ascension, meurt d'une overdose. La semaine précédente, il avait discuté avec Daniel et lui avait dit : « *J'ai tout pour être heureux et je ne le suis pas.* » Un soir, au studio Ornano, alors que le groupe enregistre son troisième et dernier album, *Casa Babylon,* il annonce brusquement son départ et prévient Manu : « *Ne m'appelle pas.* » Reprenant momentanément un boulot hors du circuit musical, Daniel cachera longtemps avoir été guitariste de la Mano. Un jour, à son travail, en présence de gens qui écoutent la Mano Negra, quelqu'un se tourne vers lui et lui dit : « *Tu connais ? Non, peut-être pas ton genre, hein...* »

Le début de la fin... Quelques mois plus tard, en octobre 1993, invité lors de la tournée de ses amis basques de Negu Gorriak, Manu, amputé de deux de ses membres essentiels, ne veut pas utiliser le nom de Mano Negra. Celui de Radio Bemba apparaît pour la première fois.

Cette année-là, Manu se lance dans un autre projet fou : traverser la Colombie en train et jouer dans les coins les plus isolés du pays, là où quasiment personne n'a jamais vu un gringo, encore moins une guitare à la main... Avec des transfuges du Royal de Luxe, dont Coco, à l'origine de cette gigantesque idée, des copains de quartier, des mécaniciens et les French Lovers, techniciens et autres bénévoles, Manu et la Mano Negra partent dans une locomotive tirant dix-sept wagons bariolés et remplis de surprises. Un convoi surréaliste, avec un dragon mécanique qui crache des flammes, un wagon de feu avec un glaçon translucide de vingt tonnes à l'intérieur... bref, un vrai cirque ambulant circulant sur des rails. Nos saltimbanques ont refusé l'escorte armée imposée par le gouvernement, même si la traversée n'est pas sans danger. Ils remontent de Bogotá vers le nord, et le périple prend vite des allures de folle saga. Mais la réalité est différente : le manque total de finances, la drogue à trop bon marché, les conflits internes et la lenteur du train (25 à l'heure maxi !) créent une tension insupportable. La crise sous-jacente qui menace la Mano trouve, dans ce contexte, de bonnes raisons d'éclater. Le 29 novembre 1993 est peut-être le jour précis où finit réellement l'aventure Mano Negra. Ce matin-là, à Aracataca, décor du roman *Cent ans de solitude* de García Márquez, deux semaines seulement après le départ, Santi, Philippe, Kropol et Jean-Marc, autre cuivre de la Mano, repartent en France, marquant leur défiance vis-à-vis d'un Manu qui décide de projets sans rien en garantir.

Manu, surnommé le jésuite parce qu'il ne veut pas voir un « *rail de coke dans le train* », ne joue quasiment plus. Un moment, le voyage menace même de s'interrompre. Fervents défenseurs de cette épopée, les cheminots colombiens s'indignent : ils ont eux aussi travaillé dur pour que ce projet fou voie le jour. Dans les villages des régions oubliées de tous où passe ce train qui ne ressemble à nul autre, c'est chaque fois la fête. La foule se presse le long de la voie et écarquille les yeux face à ces monstres de feu et de glace [1], les enfants s'émerveillent devant un énorme ours blanc qui fait mine de les dévorer. Et le contraste est grand entre ces foules en liesse et une Mano Negra de plus en plus près du terminus.

Le train ira jusqu'au bout. Humainement, peu en sont revenus. De la Mano Negra, Tom sera le seul qui supportera l'expérience. Mais il laisse Manu rentrer seul à Paris. La rupture définitive aura lieu pendant la Coupe du monde de foot, en 1994. À ce moment-là, un clip doit être tourné dans les tribunes de l'OM. Tom grimace à l'idée de faire la promo d'un single qu'il ne juge pas très bon, affublé d'un maillot de foot... Il part monter son propre groupe, P18, avec des musiciens rencontrés à Cuba.

Casa Babylon sort en mai 1994. Depuis plusieurs années déjà, à chaque moment de libre, le groupe loue un studio pour travailler sur cet album, dans le monde entier, France, Allemagne, États-Unis ou Argentine. L'enregistrement va ainsi durer trois ans. Côté mixage, sur lequel Manu passe une partie de son temps, la Mano Negra a jeté l'éponge. Le chanteur ne les consulte quasiment plus et le groupe sent bien qu'il a, plus que jamais, la mainmise sur le travail. Une certaine rancœur commence à se développer. Manu se rend à Naples, au studio Kwaanza Posse, et reprend ses vieux tics à la Picasso : essayer, casser, refaire, coller, raccourcir, fixer, et épuiser l'entourage. Quand, à trois heures du mat, les producteurs du studio lèvent le camp, Manu, lui, persiste encore. Il cherche un son proche des disques pirates, un son artisanal qui ne laisserait pas soupçonner le nombre d'heures passées à le peaufiner.

1. Rámon Chao, père de l'artiste, a participé à ce voyage qu'il raconte, avec honnêteté, dans *Un train de feu et de glace*, Éd. Plon, 1994.

Mais le résultat est impressionnant. : *Casa Babylon* est un album particulièrement réussi, un disque encore très Mano mais déjà très Manu. Tout en scellant la fin définitive du groupe, ce disque en offre cependant la meilleure synthèse. C'est sans doute le travail le plus abouti de la Mano Negra. En même temps, son univers, quoique moins intimiste, annonce déjà les exploits de *Clandestino* et *Próxima Estación : Esperanza* (cinq ans plus tard, Manu dira de ces deux albums solo que « *s'ils ont un papa, c'est Casa Babylon*[1] »). Les montages sonores (extraits d'émissions de radios interactives, dialogues de feuilletons, présentation en langue locale de leurs concerts à l'étranger) grouillent tout au long de ce disque crépitant... Pour la première fois, cette ingénieuse construction tient une place aussi importante que la musique elle-même. Manu Chao semble marquer une nette préférence pour le reggae, symbolisé par la voix chaude, au débit étonnant, de Fidel Nadal. Manu avoue d'ailleurs sa fascination pour Bob Marley et sa méfiance pour la world music : « *Je suis rentré dans les pires quartiers de Caracas ou Santiago grâce à mon passeport Bob Marley, mon badge Bob Marley. Quand les gens voient ça, paf ! la relation change,* dit-il au retour de ses périples. *World music est un mot vide de sens. Le seul artiste de world, c'est Marley, comme le Che*[2]. » L'un des personnages clés de ce disque est Fred Gremeaux, l'ingénieur du son, présent lors de la tournée sud-américaine. Formé au reportage de guerre pour la télévision, puis converti à la musique, Fred vient juste de travailler avec les Rita Mitsouko. Au retour de Cargo 92, Manu lui rend visite et découvre chez lui une incroyable sonothèque. L'homme a ses secrets. Il enregistre partout, n'hésitant pas parfois à capturer les sons d'une rue depuis une bouche d'égout ! Quand Fred lui fait écouter un extrait sonore d'un film marocain – une histoire de frontière à passer incognito –, Manu ne sait pas encore que, cinq ans plus tard, il s'en servira pour clore une chanson qui fera le tour du monde, « Clandestino ».

À son tour, le chanteur lui passe les enregistrements de son frère Tonio, qui, depuis leur première tournée, enre-

1. *Libération*, 2-3 juin 2001.
2. *Rock and Folk*, juillet 1994.

gistre des émissions de radios locales partout où il passe. Bref, Manu et Fred s'entendent bien et commencent à cultiver ensemble une étrange maladie, une sorte d'insomnie sonore qui va les amener à laisser tourner un magnétophone en permanence, n'importe quand, n'importe où. C'est « *la chasse à l'instant*, résume Manu, *comme un petit travail journalistique* ». Cette démarche gagne toute la musique de cet album sans silence, sans pause, toujours relancé par un flux de sons nouveaux évoquant l'incessant bourdonnement de la vie.

Les textes annoncent clairement la couleur, plutôt proche du rouge. Ils dénoncent les dieux américains et réhabilitent les cultures locales. « Hamburger Fields », « Señor MaTanza » (une figure bien réelle qui possède tout, terres, églises, syndicats ; une chanson compromettante en Colombie) ou « Casa Babylon » (« *terme rasta très négatif qui désigne la ville, le business* », explique Manu), pour les premiers. « Viva Zapata » (avec le slogan « *el pueblo unido jamás será vencido*[1] », *le peuple uni ne sera jamais vaincu*), que Manu avait également lancé sur scène avec imprudence en Colombie, « Santa Maradona » et « Super Chango » pour les autres.

En juillet 1994, Manu s'illusionne – ou fait encore illusion ? – en déclarant à la presse que la Mano nouvelle « *devient plus un collectif qu'un groupe* ». Il ajoute : « *Je pourrais de moins en moins dire quelle est la formation de la Mano. Nous n'avons plus envie de faire les mêmes choses au même moment*[2]. » C'est décidément la fin d'une histoire.

Plus tard, au cours de nombreuses réunions entre 1994 et 1995, des décisions plus définitives encore seront à l'ordre du jour. La société Patchanka réunit tout son conseil d'administration. Les anciens sont là. Et chacun vide son sac. Certains en ont gros sur le cœur de voir le nom de la Mano Negra associé à celui de l'OM. L'échange est dur, violent même. On lui reproche, en vrac, ses manipulations, son égoïsme, sa démagogie, ses contradictions.

---

1. Slogan des victimes chiliennes de Pinochet, désormais célèbre dans toute l'Amérique latine. Mais également repris par les Farc, guérilleros colombiens.
2. *Rock and Folk*, juillet 1994.

Refuser le 20 heures à la télévision française, mais accepter d'être éventuellement le protagoniste d'un feuilleton en Amérique latine, par exemple... On lui reproche également son monopole financier, puisque la majorité des textes déposés à la SACEM sont de lui. Inconsciemment enfin, on lui reproche – il n'y est pour rien – d'avoir cédé à son charisme et on le soupçonne d'avoir poussé le reste du groupe à la démission pour utiliser la Mano Negra sans le contrôle de Force Rouge. Le bruit court également que Radio Bemba Sound System, sa nouvelle formation montée en Espagne (où Manu s'est installé), se produit parfois en apposant le nom de la Mano Negra au sien. Et le verdict tombe : il est hors de question dorénavant que le fondateur de la Mano Negra utilise le nom du groupe à l'avenir, sauf si un minimum de cinq musiciens du noyau y participent. Blessé, fou de rage, Manu leur répond cette phrase terrible : « *Si je n'ai pas le nom de la Mano Negra, je ne fais plus de musique.* » C'est seulement quelques années plus tard que les autres comprendront ce cri de désarroi : passer des années à jouer Mano Negra, respirer Mano Negra, voyager, s'engueuler, rigoler Mano Negra... pour en être dépossédé ! Lui qui, à la sortie de *Casa Babylon*, déclarait nettement à un journaliste le questionnant sur d'éventuelles velléités personnelles : « *Toutes mes expériences personnelles passent par la Mano Negra. Je vis vingt-quatre heures sur vingt-quatre dans la peau de Mano Negra.* » La blessure est immense. La condamnation injuste. Mais pour l'instant, personne ne compatit. Certains lui suggèrent même de racheter le nom de la Mano Negra, qui est déposé. Manu sort de cette réunion complètement sonné.

Cette scène, cruelle pour tous, marque la fin définitive de la Mano Negra. Le chanteur en gardera longtemps un indicible sentiment d'injustice. De toute façon, personne, après ces réunions houleuses, n'a de doute sur son infinie capacité à rebondir. Personne, sauf lui.

Chapitre 12

Le clandestino

Le doute. Pire : le goût de rien. Il a échoué, pense Manu. D'abord, il ne pense même plus, il sent seulement. Et il est seul, en cette année 1997. Dire qu'il affirmait si sincèrement que la Mano Negra existait « *parce qu'on est des amis* ». Manu s'enfonce à cette époque dans une profonde dépression. D'autant que Philippe Teboul vient de partir à son tour. Après l'avoir suivi comme batteur dans Radio Bemba Sound System, pendant presque deux ans (dont un en Espagne), il a choisi de rentrer en France, pour des motifs personnels. La séparation ne s'est pas faite en douceur. Manu vit cette démission comme une trahison. Comment Philippe Teboul pourrait-il lui dire, de toute façon, que l'essentiel est *aussi* l'amour, la famille et, pourquoi pas, le désir d'un enfant ? La scène des adieux, Manu la connaît. Il a déjà vu le film sept fois.

Sa nature lui dicte une fois de plus de foncer. Il a le projet d'un album techno (il juge le genre universel), se rend à Naples au studio Kwaanza Posse, cherche avec obsession, mais cette fois ne trouve pas. Alors, comme toujours, il voyage. Loin, longtemps, en Amérique latine, au Mexique, en Colombie, au Brésil, toujours guidé par sa même logique de routard. Manu regarde, écoute, échange, révolté par la misère explosive des lieux qu'il découvre et émerveillé par l'hospitalité et la force de leurs habitants. Autant d'hommages qu'il rendra, plus tard, à travers des chansons, ou lors de rassemblements politiques : exprimer le drame d'un continent, la misère des enfants de la rue, des sans-terre, la tragédie des Indiens exterminés pour des intérêts économiques... À Rio, où il s'installe pendant quelque temps, il songe même à fonder un cirque, à changer de milieu. Mais il finit par monter une nouvelle formation, fût-elle éphémère. « *La musique me rattrape toujours, parce qu'elle me rend heureux* », avoue-t-il. Dans les pays qu'il traverse, il y a toujours un musicien ou un groupe ravi de l'accueillir lors d'un enregistrement d'album, ou un morceau à composer pour soutenir une cause. C'est comme ça que vont naître des chansons telles « Sem Terra » (un morceau écrit au Brésil en collaboration avec le groupe Skank), ou « Maxupte », pour le musicien Fermin Muguruza, en soutien aux Indiens Mapuche.

Tant qu'il a des projets, Manu évite le vide... De retour à Madrid, il entreprend de monter un festival de rue, en Galice, en compagnie de musiciens, poètes, conteurs latino-américains et européens. La Caravane des quartiers, cette initiative qu'il soutient fermement depuis dix ans, sera de la partie. Il est toujours animé de cette éternelle envie de mélanger les mondes... La *Feria de las Mentiras* aura effectivement lieu en juillet 1998. Il collabore également à l'album d'Idir (*Identités*), où l'on trouvera « Denia », une chanson que Manu reprendra dans son deuxième album solo.

Mais « sa » musique lui manque... Il a beau emmagasiner des expériences, savoir qu'un jour il se servira de tous ces stocks d'émotions, pour l'instant, rien. Le doute, le vide. Lorsqu'il passe à Paris, au printemps 1996, tous ceux qui le croisent sont impressionnés par son désarroi, même si son orgueil n'en laisse rien filtrer. Certains anciens du groupe se téléphonent et s'inquiètent. D'autres répondent, sans méchanceté mais avec un brin de rancune, que la star déchue doit boire son vin jusqu'à la lie. Sa famille reste son rempart le plus sûr contre l'hostilité. Durant l'été, un voyage dans le Finistère galicien l'aide à se reconstruire : en moto, il accompagne son père, qui prépare un roman sur Priscillien de Compostelle[1] et se passionne pour ses évocations littéraires et ses récits historiques. Manu redé-

1. *Priscicillien de Compostelle* est publié en Espagne mais pas encore en France.

couvre une terre originelle qu'il a boudée durant son adolescence et qui deviendra, elle aussi, inspiratrice de musique. Lors de ce séjour, ses voisins s'appellent Josefa ou Pinto, ils sont paysans, pêcheurs et chanteurs à la fois. Au fil des jours, ce périple devient un voyage initiatique qui le remet sur pied.

Lorsqu'il est à Paris, il rend souvent visite à Anouk et à sa famille, les Khelifa, toujours aussi hospitaliers. Avant de finalement se déchirer en l'an 2000, le lien entre Anouk et Manu, amour converti en amitié, a longtemps été très fort. Ils se connaissent très bien mais se ménagent peu : entre eux deux, les choses se disent, se crachent même parfois. À la demande de Manu, qui aime sa voix simple et naturelle, Anouk a toujours fait les chœurs des albums de la Mano Negra et de Manu. Et en vingt ans, Anouk ne l'a jamais vu aussi fragile. À l'exception de son frère Antoine, fidèle mais toujours lucide, Manu ne revoit personne de la Mano Negra, dont presque tous les membres sont désormais d'heureux papas. Lui, à trente-cinq ans, reste sans amour, sans enfants... La peine de cœur qu'il vit à cette période ne lui apparaît qu'un élément de plus de ce gâchis général qui semble l'entourer. Pendant qu'Anouk est en train de réaliser son album, *Automatik Kalamity,* Manu la rejoint souvent dans le studio qu'elle a installé à l'Hôpital Éphémère, sorte de squat temporairement toléré (les bâtiments ont été rasés depuis). La jeune chanteuse, qui a signé chez Virgin (où l'on aimerait, semble-t-il, qu'elle fasse un album avec Manu), a négocié de pouvoir réaliser elle-même la production exécutive de son disque. Avec un respect et une humilité immenses, Manu donne un coup de main à l'amie de toujours, sans intervenir dans ses choix. Il signe deux titres dont « Mauvais Sang », qu'il aime particulièrement, et qui retrace leur histoire. Durant cette période, un drame survient : la grand-mère d'Anouk meurt accidentellement, écrasée par une voiture. La famille est sous le choc. Manu est évidemment touché. Dans le jardin, il apaise le chagrin des uns et des autres en jouant de la guitare. Des notes douces, simples, nostalgiques. C'est là, pour la première fois, qu'Anouk entendra les accords initiaux de « Clandestino ».

Anouk a rempli son contrat : l'album est livré à Virgin, sans dépassement de budget. Manu lui demande de devenir son manager. Il n'a plus confiance en grand monde et la nouvelle société qu'il a montée, du même nom que sa formation, Radio Bemba, peut tout à fait produire son projet. Emmanuel de Buretel, patron de Virgin et proche de l'artiste, lui accorde bien volontiers cette liberté. Manu installe donc son studio dans la désormais célèbre cave de sa mère. La pièce donne sur un garage qu'il suffit d'ouvrir pour laisser filtrer la lumière naturelle. Manu apprécie de voir la couleur du ciel : il en a trop soupé des studios sombres. Grâce à des amis communs, il entend parler d'un certain Renaud Letang, jeune ingénieur du son, originaire de Sèvres comme lui, qui a déjà travaillé avec Alain Souchon. La rencontre entre les deux garçons sera déterminante. Bien qu'une dizaine d'années les séparent, Manu et Renaud ont la même apparence juvénile, visage presque poupon et look d'ados. Mais, surtout, ils ont beaucoup de points communs. Tous deux ont commencé à dix-huit ans leur carrière, avec la même détermination et les mêmes chemins de traverse, lycée, concerts dans les squats à l'époque alternative. Tous deux ont également beaucoup voyagé et maîtrisent très bien la langue hispanique. Né à Téhéran, Renaud a vécu en Indonésie, au Venezuela. Bref, ils se reconnaissent. Manu, pourtant méfiant à cette époque, éprouve de la confiance envers ce jeune technicien talentueux. Pour le tester, il lui confie une soixantaine de titres en lui demandant d'en sélectionner vingt. L'expérience est concluante : l'ingénieur retient quasiment les mêmes que le chanteur. L'efficacité de leur collaboration ne se démentira pas au cours du second album solo, *Próxima Estación*, ainsi que durant le live que Renaud enregistrera à La Villette en septembre 2001 et qui sortira exactement un an plus tard.

Pour l'instant, en ces mois de mai et juin 1997, le jeune technicien fait la connaissance de l'étrange artiste qu'est Chao. Il découvre la folle créativité de cet agité qui détient un nombre incalculable de maquettes que Laurent Lupini, ex-batteur des Satellites, l'a aidé à ordonner. Certains morceaux sont encore en chantier, d'autres semblent achevés. Et Renaud, progressivement, intègre l'univers de Manu. Il perçoit la singularité d'un artiste qui fonctionne à l'instinct. Il se sent prêt à le suivre mais aussi à le guider habilement. Travailler avec de grands noms de la chanson l'a guéri de tout ego déplacé. Pour Renaud, l'affaire est claire : Manu est le créateur, lui n'est là que pour l'amener au plus près de son but. En peu de temps, Renaud va s'imposer comme le précieux bras droit dont Manu, à ce moment précis de sa carrière, a impérativement besoin.

Manu a prévenu son ingénieur du son : il se donne absolue carte blanche. Il se soucie peu de vendre ou de plaire et a envie de faire tout ce qu'il sent. Lorsqu'il apporte ses morceaux, le texte et la musique sont déjà bien avancés. Renaud est sidéré par la spontanéité rare de cet artiste capable d'écrire une musique en dix minutes, de la jouer en un quart d'heure et de pondre sur la lancée la strophe manquante sur un coin de table... C'est la méthode bloc-notes, servie par le matériel portable dont le chanteur ne se sépare jamais, chez lui comme en voyage. Souvent, les premières prises du morceau servent de base à la chanson. La plus grande partie du travail porte ensuite sur la voix. Manu y attache un soin particulier : il faut avant tout trouver le bon ton, donner une certaine fluidité à la voix sans affecter le côté spontané du chant, polir la bande sans lui enlever son parfum.

Mais, en artiste têtu, Manu a aussi ses lubies. Durant toute cette époque, il s'obstine par exemple à enregistrer *Clandestino* sur un rythme techno de base. Anouk, comme Renaud, a un mal fou à le convaincre qu'il ne faut pas écraser comme cela les pieds de batterie. Il faudra un incident technique, un bug dans les ordinateurs du studio, pour que notre homme découvre que ses chansons tiennent nettement mieux la route dans leurs versions dépouillées. « *Le hasard est mon meilleur allié* », aime-t-il à répéter.

Le grand changement – qui stupéfierait les anciens de la Mano –, c'est que Manu semble renoncer à assumer seul les mixages. Les dernières expériences, à force d'essais, de bidouillages, de refontes, de déchets et de recollages, l'ont rendu fou. Pour la première fois, il prend de la distance en laissant quelqu'un d'autre se charger de ce travail fastidieux, préférant se réserver pour le choix des mixes définitifs. Musicalement, Manu Chao et Renaud Letang partagent les mêmes principes : ne miser sur aucun morceau en particulier et tenir la même tension de la première à la dernière note, puis couper le titre dès qu'on a dit ce qu'on avait à dire. Et surtout garder cet effet de musique continue, bouillonnant, déjà amorcé dans *Casa Babylon*.

Coupés du monde dans ce studio improvisé, enfermés dans leur bulle créative, Manu et Renaud ont l'impression d'avoir accouché d'un ovni, que personne ne comprendra. *Clandestino* ne ressemble en effet à rien. Ou alors à *Casa Babylon*, un album qui n'a pas très bien marché en France, jugé trop déroutant... Du coup Manu et Renaud, en ce mois de novembre 1996, misent sur des ventes entre 20 000 et 50 000. Juste de quoi avoir la paix avec leur maison de disques. Qu'importe ! Manu, dans sa cave, a fait absolument ce qu'il voulait, en toute liberté. Les dés sont jetés, même si, pense-t-il avec certitude, ce disque trop personnel signe sûrement la fin de sa carrière...

Chapitre 13

Próxima Estación: le monde !

Tiens, t'es là, toi ? Alors, qu'est-ce que tu deviens ? Ce soir, au festival des Méditerranéennes qu'il organise depuis plusieurs années, Batzen tombe sur Manu par hasard. Voilà au moins quatre ans que l'ex-manager de l'ex-mythique Mano Negra n'a pas rencontré l'ex-chanteur. Manu lui annonce qu'il sort un album dans une quinzaine de jours. Un disque où, explique-t-il, il a tout simplifié, tout dépouillé, en zappant toute son électronique. Connaissant l'oreille aiguisée de Batzen, Manu prend ses précautions : cet album n'est qu'une maquette. « Maquette », c'est le mot exact qu'il prononce, comme si ce disque était juste un coup d'essai, une simple carte postale, histoire de donner de ses nouvelles.

Clandestino, Esperando la última ola (En espérant la dernière vague) sort deux semaines plus tard, en avril 1998. Et ce « coup d'essai » de Manu Chao se vendra à plus de 2,5 millions dans le monde dont 1,3 million en France, en dépit du refus de radios telles que NRJ, RTL 2 ou Europe 2 de le programmer (ses chansons ne rentrent pas dans leur « format »). Il y aura désormais un Manu d'avant *Clandestino* et un autre d'après. Avec ce disque, la liberté a eu enfin raison du doute. Toutes ces errances, ces nuits blanches, ces quêtes, tous ces voyages, toutes ces années de travail débouchent sur cet album tellement Manu, tellement Chao. Ce *Clandestino*, Manu le portait depuis longtemps, sans le savoir. Tout le disque, ponctué de gimmicks, est comme une chronique de ses interminables voyages à travers le monde. « *Je me suis levé sans raison / Je me suis levé / Et je ne vais vers aucune direction / aujourd'hui jour de lune, jour de peine...* » Chez ce Tintin musicien, toute émotion, d'ombre ou de lumière, finit en chanson. Celle-ci s'appelle « Día Luna... Día Pena ».

Dans cet album dont les textes sont majoritairement à la première personne, Chao est le *Clandestino* sans papiers, sans place, à l'image de l'errance qu'il vient de vivre. Involontaire référence à l'affaire des sans-papiers chassés de l'église Saint-Bernard, un an avant la sortie de l'album, cette chanson, devenue un tube, a des accents d'hymne universel : « *Ma vie est interdite / Disent les autorités / Algérien / Nigérien / Bolivien / Mano Negra illégale...* » Chao est le disparu de « *Desaparecito* » qui, dans une allègre rumba, est déjà parti quand on le croit à peine arrivé. Chao est aussi l'amoureux qui clôt ses histoires d'amour nommées Anouk ou Mano Negra par cette question : « *Pourquoi quand les gens s'aiment / Il y a toujours des problèmes ?* » (« Je ne t'aime plus »).

Le temps d'un album, Tonio, devenu depuis ingénieur du son à France Inter, a repris sa trompette. Emballées par deux guitares (dont une acoustique servant de basse) et, parfois, par deux cuivres, les mélodies, toujours très simples, égrènent un thème répétitif qui se poursuit tout le long de la chanson. Les ruptures de rythme à l'intérieur d'un même morceau, que Manu semblait cultiver au temps de la Mano, ont disparu. En revanche, les grouillements sonores qui ponctuent chaque titre ont pris une plus grande importance. « *Les transitions entre les chansons sont généralement plus décisives que les chansons elles-mêmes* », explique-t-il.

Sans aucun doute, cette simplicité de chaque chanson contribue beaucoup au succès du disque. Et puis, Manu est un bon chanteur. Avec ce nouvel album, l'ex-fondateur de la Mano, sans renier ses racines rock, parvient à séduire un nouveau public, grâce à sa voix tour à tour douce, rocailleuse, allègre. *Clandestino* a quelque chose de fédérateur.

François Bergeron est une fois encore mobilisé pour réaliser le clip de promotion. Le temps du bricolage est révolu : le réalisateur doit maintenant travailler avec deux chefs de studio aux basques ainsi qu'une styliste qui trouve le tee-shirt de Manu (blanc avec une feuille de cannabis en imprimé) franchement ringard. Bergeron est bien embarrassé. D'abord parce que ça fait dix ans qu'il connaît Manu habillé comme ça. Ensuite, parce que lui-même aime bien ce genre de tee-shirt... Furieux, Manu remonte la fermeture Éclair de son blouson puis, têtu, au moment du tournage, exhibe à la caméra cette feuille de cannabis qu'il fallait cacher. Plus tard, Manu réalisera ses propres clips, très peu inventifs du reste, grâce à un contrat avec Virgin qui lui offre la possibilité de remettre ses disques comme des produits finis (pochette, clip, etc.).

Un an après la sortie de *Clandestino*, Manu enregistre, toujours avec Renaud Letang, *Próxima Estación : Esperanza. Clandestino* marche déjà bien mais n'est pas encore à son apogée commercial. Manu n'a pas décroché la Victoire de la Musique du « meilleur album de musique du monde et de musique traditionnelle de l'année », ni lu les articles de la presse américaine le qualifiant de « Bob Marley polyglotte », un sacré compliment. C'est donc à l'abri de toute pression que les deux complices s'enferment à nouveau dans leur bulle musicale, installée cette fois à Barcelone. La méthode reste la même (une méthode sans réelle méthode !) mais, cette fois, l'angoisse de ne pas être compris a disparu. Mis en boîte douze mois après, en janvier 1999, le second album solo de Manu Chao ne sortira que deux ans plus tard, le 5 juin 2001.

Une des critiques souvent faites à ce disque, que Manu définit comme « *la petite sœur de Clandestino* », est justement qu'il lui ressemble trop. Il est vrai que Manu confirme qu'il est le roi du recyclage. La plupart des morceaux sont dérivés des maquettes de l'album précédent ou de travaux plus anciens. « Homens », enregistré à Rio, est initialement une chanson de rap interprétée par Valeria, la fille de ses hôtes brésiliens, sur laquelle Manu a collé la musique de « Bongo Bong », qui a elle-même déjà servi à plusieurs compositions. Tout au long de ce disque, le musicien abuse de gimmicks, d'autocitations mais, contrairement aux apparences, ne se plagie pas : il ne fait, en somme, que poursuivre sa trajectoire. À l'image de *Clandestino*, la simplicité de *Próxima Estación : Esperanza* donne l'impression d'écouter une collection de standards familiers. C'est le cas de « Merry Blues », « Trapped By Love ». Ou son grand tube « Me Gustas Tú » dont les paroles n'ont rien à envier à de la chansonnette un peu simplette : « *J'aime les avions, je t'aime / J'aime voyager, je t'aime / J'aime le matin, je t'aime / J'aime le vent, jet'...* », mais dont le refrain entêtant est repris en chœur, durant l'été 2001, par des mélomanes de sept à soixante-dix-sept ans. Un excellent mélange, selon la définition d'un de ses proches, entre Bob Marley, Che Guevara et Patrick Bruel, en somme. Manu Chao parvient à faire de la chanson populaire en ne cédant jamais à la médiocrité.

La tonalité générale de l'album est plus heureuse que celle du précédent. Des lueurs d'espoir pointent et les chansons d'amour foisonnent. Même s'il déçoit certains (trop de redites, trop de paresse de la part d'un musicien qui, jusque-là, avait toujours surpris par son côté novateur), l'album fait un carton. Pendant quatre semaines, il se place en tête du classement européen de ventes de disques. Aujourd'hui, comme *Clandestino*, il a atteint 2,5 millions de ventes (dont 950 000 en France).

À la sortie de *Próxima Estación*, Manu Chao est définitivement consacré star internationale. Virgin le considère alors « *comme une priorité mondiale* », au même titre qu'un Kravitz ou un Bowie et l'entoure d'un staff qui le rend inaccessible. L'ombre d'Iggy Pop plane...

Les tournées commencent au printemps 2000 pour se clore deux ans après, en Galice. À Paris, il a l'occasion de retravailler à cette époque avec Antoine, devenu un spécialiste des radios libres. Pour la promotion du disque, Manu installe son groupe Radio Bemba dans un bar de Ménilmontant et, à travers le réseau de son frère, transmet quotidiennement des émissions diffusées par des radios alternatives amies. « *J'ai la chance d'avoir des musiciens qui en font dix fois plus que ce que je leur demande* », déclare-t-il à propos de Radio Bemba qui a connu plusieurs moutures. À ce moment précis, le groupe se compose de Gambit, bassiste, ex-French Lovers rencontré dans le train colombien, Madgid Fahem (guitare), B-Roy (accordéon), Gérard Casajus (percussions), Antonio Garcia Garreta (claviers),

David Bourguignon (batterie), Giany Salazar et Roy Paci (cuivres), et Bidji, venu du hip-hop, en maître de cérémonie. Un groupe en pointillé où, après quelques mois, chacun retourne à sa propre vie musicale. Manu ne veut pas reproduire les erreurs passées.

Après la sortie de *Próxima Estación*, il reste encore à Manu Chao à livrer un disque pour remplir son contrat avec Virgin. Dans le sillage de ses derniers succès, Manu décide de sortir un *live*. Enregistré les 3 et 4 septembre 2001 à La Villette, ce dernier disque rend très bien compte du bonheur d'être sur scène et ne va pas sans rappeler l'énergie festive de la Mano Negra. D'ailleurs, on retrouve plusieurs titres de leur répertoire, à commencer par « Machine Gun ». Manu propose de nouveaux arrangements de ses désormais classiques « Clandestino », « Bongo Bong » ou « Bienvenida a Tijuana », qu'il entonne à deux reprises au cours de ce concert. La voix plus affirmée que jamais, le chanteur prouve une fois de plus que c'est sur scène que se concentre toute sa force. Le disque sort en septembre 2002. Deux mois avant, le 5 juillet, l'unique concert français de la dernière ligne droite du Radio Bemba Tour est une nouvelle occasion de démontrer à quel point il est resté plus que jamais une formidable bête de scène. Avant de s'embarquer pour l'Espagne, l'Autriche et le Japon, Manu, entouré de OaÏ Star, Jamasound, Le 3e Œil, Kanjar'oc et du mythique groupe de reggae Burning Spear, met le feu au Dôme de Marseille (le concert avait préalablement été programmé au Stade Vélodrome, grand temple de l'OM).

La sortie de cet album live signe-t-elle la fin de son histoire avec Virgin, malgré son amitié pour son P-DG, Emmanuel de Buretel ? Lui, défenseur des minorités, reconnaît « *être en plein dans le circuit commercial* ». Gros vendeur, il peut se permettre de poser ses conditions et de les faire respecter. Grand admirateur du commandant Marcos, qu'il a rencontré à sa plus vive joie, il a dédié son premier album solo à l'EZLN, l'Armée zapatiste de libération nationale, et défend ouvertement la cause des Indiens du Chiapas mexicain. Membre d'Attac, il prend position contre la mondialisation, approuve le contre-sommet de Seattle, la réunion de Porto Alegre, se rend à Gênes pour l'ouverture du G8, fait monter un sans-papiers et des militants associatifs sur scène, joue gratuitement sur des places publiques, comme au Mexique, dénonce la responsabilité de Kissinger dans la dictature chilienne au même titre que celle de Pinochet... Durant ses tournées en Amérique latine, chacune de ses arrivées ou presque dans un pays coïncide avec des événements politiques. Manu adapte les promos aux circonstances. Au Mexique, sa conférence de presse se tiendra dans l'université en grève. Partout, il rencontre des radios associatives, des opposants de terrain, des musiciens locaux. Mais un malentendu s'installe. On interprète sa sensibilité comme un engagement strictement politique. Ce décalage entre ce qu'il est et ce qu'on en donne à voir donne parfois l'impression d'une sorte de schizophrénie. Défenseur des minorités et valeur marchande. Solidaire et en solitaire. Multimillionnaire et habillé dans des surplus. Porte-parole et individualiste. Star internationale et anonyme sans garde du corps. Durant les interviews, on sollicite en priorité son opinion sur l'actualité avant de parler de son travail. Manu devient un José Bové de la musique. Or, s'il accepte de porter « *ce sac à dos de haut-parleur de la jeunesse contestataire* », Manu Chao est avant tout voué à la musique.

Aujourd'hui, le chanteur observe une pause à Barcelone, dans son quartier du Barrio Gótico. « *Une pause de concerts, pas une retraite*[1] », précise celui qui envisage de retaper des locaux pour en faire des lieux de musique. Et peut-être de fonder son propre label indépendant, comme il le déclarait il y a deux ans[2]. Celui qui veut nous faire croire qu'à quarante et un ans « *sa carrière est derrière lui* » est attendu au tournant. Lui se défait de ces attentes. Il fera ce que dicte son instinct musical au moment voulu. Manu Chao résume à lui seul une phrase de Michel Leiris : « *Il s'agissait moins là de ce qu'il est convenu d'appeler* "musique *engagée" que d'une musique dans laquelle j'essaie de m'engager tout entier.* » La citation est détournée – l'auteur parle, en réalité, de « *littérature engagée* ». Mais avec Manu Chao, rien ne reste dans l'état original.

1. *Les Inrockuptibles*, septembre 2002.
2. Interview filmée dans *Gira Mondo Tour*, de François Bergeron.

Annexes

Discographie

Tous les disques de la Mano Negra et de Manu Chao sont disponibles chez Virgin.

MANU AVANT LA MANO NEGRA

Hots Pants, *Loco Mosquito,* 1985 (Boucheries Prod.).
Manu veut en découdre avec sa guitare, Santi avec sa batterie. *Loco Mosquito* est une sorte de faire-part de ce qui attend le public à peine deux ans plus tard. Rock hanté par les fantômes de Clash ou de Chuck Berry, auquel Manu Chao a le culot de coller des espagnolades... « Les caleçons chauds » font monter l'ambiance ! « Ay Qué Dolor », emprunté à un groupe espagnol, Los Chungitos – dont Manu reconnaît que « *c'est carrément de la variété* » – fera un tabac sur scène. Le disque est produit par All Or Nothing, « tout ou rien », un vrai slogan punk !

Los Carayos, *Persistent et signent*, 1986 et *Au prix où sont les courges*, 1987 (les deux albums sont désormais réédités par Virgin sur le même CD).
Deux anciens albums où on retrouve l'ambiance festive d'une époque alternative surchauffée et passablement déjantée. Cinq leaders de groupes phares se retrouvent dans cette formation, très polyvalente musicalement (jazz, folk, musette, patchanga...), où chacun apporte sa culture et ses influences. Une folle auberge espagnole, en fin de compte, se transformant en souk complet dès que nos apaches parigots prenaient la route.

Patchanka, 1988.
Du faire-part, Manu Chao est passé à l'avertissement. Le public a intérêt à ne pas bien se tenir... Produit par le label indépendant Boucheries Productions, *Patchanka* est enregistré alors même que le groupe de la Mano Negra n'est pas encore définitivement formé. (À l'époque, Manu Chao joue parallèlement dans Los Carayos.) Sous amphétamines, le disque est accompagné par les musiciens de Dirty District, et les Casse-Pieds, futurs guitaristes (Daniel Jamet qui signe un titre), bassiste et percussionniste de la Mano. « Mala Vida » devient un tube avant d'être la bonne étoile du groupe. À la console, Jean Labbé accompagnera la Mano sur les deux albums suivants.

Puta's Fever, 1989.
L'album historique. Un grand brasier. Manu et ses guerreros mettent le feu avec un rock ouvert à tous les métissages. Parfums orientaux (« Sidi H'Bibi ») et hispanisants, syncopes de Jamaïque, cuivres de Cuba... le cocktail, appuyé d'un gros son (parfois brut de décoffrage) et surtout secoué par une formidable énergie, tient de la recette Molotov... *Puta's Fever* est une totale réussite, jouissive et prometteuse. Ou l'inverse.

King Of Bongo, 1991.
« *Je trouve que ça commence à faire recette de tout mélanger,* dixit Manu. *Autant avoir différents styles marchait bien dans les deux premiers disques, autant* King Of Bongo *en a souffert.* » C'est l'album que le groupe aime le moins. « *Trop disparate, trop du coq-à-l'âne, manquant d'âme.* » Le disque aux textes sombres (fond de guerre du Golfe) est beaucoup moins festif. *King Of Bongo* sera repris, mais revisité, dans chacun des albums solo de Manu.

Casa Babylon, 1994.
Le meilleur album du groupe. La Mano, déjà très Manu (qui en a principalement fait le mixage, au grand dam du reste du groupe), a arpenté les continents et laissé en héritage des carnets de voyages où l'explosif Zapata croise le phénoménal Maradona. Avec, pour la bonne bouche, la participation de Fidel Nadal, chanteur argentin, et un must : « Señor Ma Tanza ». On dira de cet album qu'il est le papa de *Clandestino* et de *Próxima Estación*.

Compilations et albums live

Amerika Perdida, 1991.
Titres uniquement hispanisants (arabo-andalou compris), cette *Amerika Perdida* est celle d'une culture d'avant la colonisation des *Indios*. Un album chaud pour un hiver dur et une réponse en forme de claque à une tournée américaine qui avait laissé des bleus.

In The Hell Of Patchinko, 1992.
La Mano Negra est (était), avant tout, un groupe de scène. Enregistré en public à Kawasaki, au Japon, le 2 novembre 1991, lors d'un véritable raid commando, cet album, aux arrangements musclés et nerveux, en est une éclatante démonstration. « Mano Negra », le fameux morceau générique du groupe qui ouvrait chacun de leurs concerts, ponctue le disque à quatre reprises.

Best Of Mano Negra, 1998.
Fin 1998, affaires obligent, Virgin veut sortir un Best of de la Mano Negra. Contrairement aux anciens membres, Manu n'est pas d'accord. *Clandestino* est déjà dans les bacs et grimpe dans les ventes. Cette ombre du passé, fût-il récent, ne peut que créer une confusion. Le groupe vote, Manu perd et le disque fait un carton : 600 000 ventes.

MANU CHAO SANS LA MANO

Clandestino, 1998.
Une petite caméra, un huit-pistes et hop, en balade ! Le chanteur a trouvé la façon la plus légère de voyager-travailler et décline désormais une seule composition en deux, trois, six chansons. Durant l'enregistrement, une véritable alchimie a lié Manu Chao à son ingénieur du son, Renaud Letang. Ils récidiveront un an plus tard. En attendant, à travers un incessant grouillement, ce disque attrape l'essentiel : la vie.

Próxima Estación : Esperanza, 2001.
« *Il y a des gens qui râlent : "Pourquoi a-t-il réutilisé les mêmes bases ?" Ce que je ne comprends pas, justement, ce sont les gens qui ont un truc bien et le laissent tomber à cause de cette dictature qui veut que tout soit "nouveau"* », déclarait Manu Chao à la sortie de son premier album solo. Le commentaire reste totalement

d'actualité pour cette « *petite sœur de* Clandestino ». « *J'assume totalement* », persiste-t-il.

Manu Chao & Radio Bemba Sound System, Live, 2002.
Un fabuleux résumé des chapitres précédents (des chansons d'hier, d'autres déjà très vieilles), et un instantané du moment (la magie d'une nuit, qui fait que chaque titre semble transcendé) : ce disque live exceptionnel surprend par sa pyrotechnie et reflète une joie (et une rage) de jouer dont on ne se lasse pas. Explosif !

Collaborations :

Negu Gorriak, *Gorria Herria* (Esan Ozenji, 1992)
et *Hipokrisiari stop !-Bilbao 93-X-30* (Esan Ozenji, 1994, live)
Skank, *O Samba Poconé* (Sony, 1996)
Anouk, *Automatik Kalamity* (Virgin, 1997)
Idir, *Identités* (Sony, 1999)

Filmographie

Les films sur/autour de la Mano Negra ont été principalement réalisés par François Bergeron, en plus de clips qu'on ne mentionnera pas, comme entre autres *Mala Vida* et *Clandestino* qui ont reçu divers prix.

Pigalle, tournée générale, 1990.
Dates de concerts mais aussi d'après-concerts. À la découverte d'un Pigalle vu par la Mano. Un film qui traduit exactement l'énergie de l'époque, et celle de Manu sur scène.

Puta's Fever, 1989 (réalisé par Pascal Mourier).
La première grande tournée du groupe en Amérique latine. École buissonnière, hors de la scène, dans les favelas, découverte d'un continent qui sera déterminant.

Amerika Perdida, 1992.
Le film de Cargo 92, expédition autour de seize pays du continent latino-américain. Outre des extraits de concerts de la Mano ainsi que de leurs escapades dans des favelas, on y voit les prouesses du Royal de Luxe, compagnie théâtrale hors du commun, déguisant les musiciens de la Mano en garçons troupiers.

Gira MondoTour, 2000.
Un portrait de Manu Chao (diffusé sur Arte) tourné en Colombie.

Live, Manu Chao et Radio Bemba Sound System, 2002.
Vous avez écouté le live, sorti en septembre 2002 et enregistré un an avant, durant les deux concerts à La Villette que Manu a donnés ? Eh bien, maintenant, regardez le film qui va avec...

Bibliographie

Manu Chao, Alessandro Robecchi, Éd. Plon, 2002.
Le seul ouvrage sur l'artiste. Plein d'infos, beaucoup de précisions musicales ainsi qu'une grande fascination pour le chanteur.

Mano Negra, Éd. Syros, 1994.
L'album de famille, en quelque sorte, dans un montage de collages, textes, photos conçu par le groupe et plus spécialement par Tom Darnal. Un intéressant reflet de l'esthétique Mano Negra. Note étrange : au même moment, la Mano était juste en train de spliter...

Un train de glace et de feu, Rámon Chao, Éd. Plon, 1994.
En 1993, la Mano décide de traverser la Colombie en train et de jouer dans les villages les plus reculés du pays. Journaliste, le père de l'artiste, embarqué dans cette folle aventure, raconte cette épopée sous forme d'un passionnant carnet de route où l'on croise les French Lovers, les musiciens brésiliens Garrincha et Sorriso, des trapézistes, un dragon qui crache le feu...

Sites Internet

www.manuchao.net

Un site où Manu Chao fait son marché...
« *Remixez un titre de Manu et envoyez-le sur CD avec vos coordonnées à l'adresse suivante : Próxima Remixes Manu Chao* »...

« *Manu recherche également des sons de métro du monde entier que vous pouvez lui faire parvenir à : Sound métro Manu Chao* »...

http://uswarios.intercom.es/hong
Site espagnol idéal pour les fans (beaucoup de photos).

http://web.fiscalinet.it/manuchaoaviva
Excellent site italien qui, en plus des paroles des chansons ou des photos, attache aux questions du « sud du monde ». Très détaillé.

Remerciements

Avant tout, absolument merci à l'inestimable Christine Talabard.

Et *Muchas gracias e saha bezef*... à mon confrère galicien, à Jo qui, malgré son silence, m'a passé un si bon tuyau, à Daniel Bergeron pour son sens de la mesure et sa constante gaieté, à Hadji-Lazaro pour son humilité, à la belle Kalamity pour sa disponibilité et son (idem Bergeron) sens de la mesure, à Antoine et son intégrité, à Philippe pour sa sincérité, à Santi pour s'être souvenu et expliqué, à Charlotte pour sa compétence, à Kropol même si..., à Bernard Batzen, à Fred Gremeaux pour sa générosité, à Renaud Letang, Yves-Marie pour sa solidarité, Sophie Ionesco pour son temps, Madyl pour toujours, Philippe Blanchet pour sa confiance et ses conseils, ainsi qu'à tous ceux qui ne souhaitent pas être cités et m'ont gentiment éclairée.
Enfin, merci personnel et infini à S.K. qui, de bout en bout, est là.

Table

Chapitre 1	Fils de...	7
Chapitre 2	Deux frères et un cousin	11
Chapitre 3	Rock alternatif et boucheries en gros	17
Chapitre 4	Cithéa, 1986	25
Chapitre 5	Au prix où sont les courges...	27
Chapitre 6	Mala Vida	31
Chapitre 7	L'empreinte de la Main noire	37
Chapitre 8	Fièvre de pute	45
Chapitre 9	Sur la route	49
Chapitre 10	Cargo pour le Venezuela	53
Chapitre 11	Night train	61
Chapitre 12	Le clandestino	67
Chapitre 13	Próxima Estación : le monde !	73

ANNEXES

Discographie 81
Filmographie 85
Bibliographie 87
Sites Internet 89
Remerciements 91

Dans la même collection

Bashung	Philippe Barbot	391
Les Beatles	François Ducray	324
Le Blues	Stéphane Koechlin	359
Bowie	Nicolas Ungemuth	266
Georges Brassens	Florence Trédez	295
Jacques Brel	François Gorin	515
Coltrane	Pascal Bussy	267
Miles Davis	Serge Loupien	307
Jacques Dutronc	Michel Leydier	343
Bob Dylan	Silvain Vanot	480
Léo Ferré	Stan Cuesta	446
Gainsbourg	François Ducray	264
Jimi Hendrix	Olivier Nuc	342
Billie Holiday	Luc Delannoy	358
John Lee Hooker	Stéphane Koechlin	516
Madonna	Florence Trédez	405
Bob Marley	Francis Dordor	278
Jim Morrison et les Doors	Jean-Yves Reuzeau	456
Les Musiques celtiques	Emmanuelle Debaussart	294
Les Musiques cubaines	François-Xavier Gomez	279
Charlie Parker	Hugues Le Tanneur	455
Edith Piaf	Stan Cuesta	384
Pink Floyd	François Ducray	386
Iggy Pop	Nicolas Ungemuth	537
Elvis Presley	Serge Loupien	406
Le Raï	Bouziane Daoudi	348
Lou Reed et le Velvet Underground	Bruno Juffin	466
Le Reggae	Bruno Blum	366
Les Rolling Stones	Jean-Yves Reuzeau	540
Bruce Springsteen	Hugues Barrière & Mikaël Ollivier	433
La Techno	Guillaume Bara	265
Charles Trenet	Pascal Bussy	306
Neil Young	Olivier Nuc	518

Librio

569

Composition PCA à Rezé
Achevé d'imprimer en Allemagne (Pössneck) par GGP
en décembre 2002 pour le compte de E.J.L.
84, rue de Grenelle, 75007 Paris
Dépôt légal décembre 2002

Diffusion France et étranger : Flammarion